U0074834

THE POWER
OF
SIBLING LOVE

相親相愛

給爸媽的手足教養學

不簡單？

孫明儀——著

謹以此書獻給妹妹和我的孩子，
謝謝妹妹永遠無條件地愛我，
謝謝孩子們之間的愛，給我力量完成這本書。

推薦序

手足教養的無敵二刀流

馬偕兒童醫院兒童感染科主治醫師 **黃瑽寧**

孫明儀老師是我的老朋友，當時我的【愛＋好醫生】節目正要開錄，許多人推薦我邀請孫老師擔任節目的專家，從此，與她結下了美好的緣分。在【愛＋好醫生】節目中，我們時常需要一起解決很多家庭的教養難題，雖然家家各有難念的經，比如說手足紛爭，或者教養不同調，但孫老師總是能用她的「無敵二刀流」，直搗問題的核心，並且順利的解決。根據我側面觀察，這兩把神奇的刀，分別是「好奇同理」與「自我對話」。

比如說，面對家中手足的爭吵，家長身處於混亂現場，可能很難隱忍內心的怒氣，甚至做出了不合適的反應（把兩個孩子罵個狗血淋頭，然後立馬在網上刷了名牌包之類的），事後卻後悔不已。如何避免同樣的劇情再次上演呢？孫老師提醒父母，使出二刀流的第一把刀：**「好奇同理」**。凡事出必有因，今天為什麼孩子會這麼生氣呢？為什麼他會屢勸不聽呢？為什麼他會哭鬧不休呢？暫且不討論誰對誰錯，先端出滿滿的好奇心與同理心，去認識這些「小生物」的內心世界。透過「好奇同理」的起手式，讓孩子覺得父母有在「努力理解我」，雖然不見得能成功，但至少親子站在同一陣線的感覺，可以消弭許多的怒氣與衝動。

一個月過後，你收到了尾數好幾個零的刷卡帳單（只是舉個例），此時先別急著拿去碎紙機毀屍滅跡，快速亮出孫老師提供的第二把刀：**「自我對話」**。在沒有情緒的干擾下，深入探索自己的內心：為什麼我會這麼失控呢？為什麼我會有這些負面的思想？為什麼我會被孩子一句話惹怒？在誠實的自我對話之後，或許你會找到挫折沮喪的原因，比如說來自對現況的無力感，對自我形象的不滿意，原生家庭制約的思考枷鎖，周邊人給予的言語傷害等等。自我對話除了能找到情緒失控的根源之外，最有趣的部分，就是每次自我探索之後，常常也恍然大悟，「原來孩子／老公／婆婆可能也跟我一樣，有這些隱藏版的內在糾結啊」，然後回過頭把第一把刀磨得更亮，更輕易的站在對方角度來思考事情。

在孫明儀老師《相親相愛不簡單？》書中，我最有感觸的，就是第七章【反思——爸媽自己的手足經驗】的內容，教讀者如何自我對話，揮別過去的陰影，成為喜歡自己的爸媽。很多父母在教養遇上挫折時，會進入負面投射性認同的迴圈之中：他們會預先認定自己是個失敗的媽媽，因此只要聽到別人對孩子，或對自己有任何評論，他們會立刻從話語中挑出負面的意圖，然後再次加深自己失敗的信念，陷入難以掙脫的惡性循環。希望透過本書，父母能斷開負面的投射性認同，未來在面對手足教養時，能不知不覺的進化，成為一位優雅的父母。

推薦序

手足，有血緣的競爭者？

律師 賴芳玉

任誰都不想當個被忽略的人，好像自己不夠好到足以得到關注和讚美。任誰也都不願意當個被差別對待的人，好像自己比不上其他人，這種感覺實在很惡劣。然而，讓我們首次接觸這種困境的人，偏偏是有血緣關係、應該要兄友弟恭、姊妹情深的手足。

已經是成年的我們，那個年代多數是有手足關係，童年歷經的競爭和公平議題，那個滋味至今還留在鼻尖，直到我們生兒育女，面對手足議題（無論下一代或同輩）似乎也沒高明到哪兒，仍然讓人頭痛不已。

或許正是因為曾經歷親密卻又帶點煙硝味的手足關係，因此在為人父母時，特別關注如何處理孩子們的手足議題，才不至於讓孩子們重蹈過往不舒服的童年經驗。

明儀很貼心地看到父母的焦慮，以陪伴的姿態「告訴」這些父母們：你們的困惑、難處及棘手的問題，我都明白，不一定有明確的答案，但有些重要的提醒。明儀系統性的分析不同類型和困境的手足關係，重要的是書中沒有點破，但卻在字裡行間默默地翻轉傳統刻板的手足文化。例如：

傳統觀念裡家庭子女排序的角色，長子「應該」肩負起照顧弟妹的責任？「孔融讓梨還受用嗎」？明儀提醒不要只停在「絕對不要孩子讓」，或是「強硬規定孩子一定要讓」，這種非黑即白的絕對二分法裡。跟孩子討論，讓孩子有選擇權與控制感。在尊重老大的意願下，邀請他加入照顧的行列，讓他有足夠勇氣去經歷新的關係。簡單說，沒有「誰應該如何」的角色責任分配，而是回到每個孩子本身的獨特感受。

面對手足公平議題，也就是父母的偏心，往往是孩子受傷最深的地方，雖父母常說：「手心手背都是肉，哪來的偏心？」我認為這就是多數孩子認為父母最偽善的地方了，明明在處理手足衝突事件時，不公、不明是非的破綻處處可見。

坦白說，在處理家事案件時，手足的遺產紛爭，呈現的情緒都是連結童年沒有被妥適處理的公平議題帶來的創傷。爭產的樣貌，都宛如複製童年爭玩具的情境。因而諸如男尊女卑、女性拋棄繼承、家族事業或祖產由長子繼承，都是在在呈現傳統刻板的手足文化。

對於公平，明儀花了很多篇幅討論，她說：「爸媽千萬不要陷入『公平』的迷思……與其嚴苛要求自己做到公平，還不如嘗試以個別的互動，跟孩子建立獨特的連結。」她隻字未提甚麼「原則」才是公平，而是把手足議題拉回親子關係，關注孩子獨特的心理感受與發展。

在處理手足間的性別角色時，明儀舉例姊妹經常竊竊私語，弟弟想加入卻被排擠，轉而向爸媽哭訴，很多爸媽會想：「吼，男生怎麼這樣敏感又愛哭啦！」「好歹我也是男子漢一個，怎麼生出這樣的兒子？」在此，她建議爸媽要尊重孩子關係裡自然產生的動力，可以邀請所有孩子說出感覺，以幫助他們互相體會。明儀不評價父母對於男性的性別刻板印象，而是提醒要去關注孩子的感覺與需求，間接避免讓讀者掉入性別的二分法論述。

明儀很貼心地看到父母的焦慮，不批判、不質疑、不對立，只是溫和專業而客觀地指引父母處理手足議題，也悄悄地翻轉傳統刻板手足文化帶來的迷思。

這本書非常重要，因為好的、健康的手足經驗，將使孩子長大後，能夠冷靜地不陷入競爭議題，認同自我價值，進而建構良好的親密、人際與職場關係。如果你還不是父母，依然推薦閱讀，因為或許藉由書中的提醒，看到自己在童年時遭到手足傷害（無論來自父母或手足），藉此體悟為人父母的難處，並與自己真正的和解。

推薦序

少一些負罪感，多一些滋養：讓我們成為更放鬆的父母

外聘社工督導 白麗芳

當父母這件事當然不容易，所以市面上滿滿教養的書，讓疑惑和焦慮的父母們可以找到一些方向。而我特別欣賞明儀的書，從第一本《愛上當爸媽這件事》，到這一本《相親相愛不簡單？》，除了帶養孩子的辛苦外，提醒我們為人父母也有甜美之處，那種從心裡滿出來的喜悅和感動，真的很難用其他人生的經驗來代替。本書從孕育二寶開始的各種情緒開始談起，帶到手足相處各種的實戰技巧，同時還涵蓋了離婚、特殊手足、手足過世和自己的原生家庭經驗等面向。明儀在不同的章節裡都溫柔地提醒父母，要照顧自己的情緒，不要太苛責自己，因為她深刻地理解要同時帶養和回應兩個以上的

孩子有多麼困難，如果能有和每個孩子單獨的時光固然很好，但現實上有困難時也可以用眼神、言語回應，甚至是讓大寶靠在身邊，重點在於讓孩子感受到你對他的關愛並沒有因為二寶來臨而減少。

我自己也是二寶媽，經常會提醒父母，不要在二寶來臨時有其他重大的變動，比如千萬不要在將二寶接回家時，才開始訓練大寶獨睡，或是將他送幼兒園，因為他會產生強烈的被剝奪感。如果大寶的狀況允許，盡早開始訓練，給他當大哥哥大姊姊的榮譽感和特權。當時我會拜託比較親近的好友，來探望我時帶份小禮物給大寶，以免成堆的禮物都是嬰兒用品。這些做法都是希望不要讓大寶覺得被忽略，或是因為二寶來臨後，自己的世界風雲變色。至今我還留存著兩個孩子躺在床上相視而笑的照片，這都是最珍貴的回憶。

兒福聯盟在收養服務中體會到手足的威力，起初有的父母順利收養了第一個孩子，回來提出了第二次申請，我們都以為已經有經驗的父母應該會更加順利，沒想到二寶加入後，家庭經常深陷於風暴當中，帶養孩子的疲累當然不在話下，但最重要的原因是當二寶加入，完全不符合父母當初的想像，每天手足競爭和衝突讓父母後悔當初想要收養二寶。我們後來除了事前的收養準備和討論，也開辦了支持團體，讓收養兩個孩子的父母能彼此分享和學習以便度過痛苦的磨合期。

身為父母我們都期望能讓孩子有個快樂的童年，當從一個孩子邁入到要照顧兩個或多個孩子時，難免會產生顧此失彼的愧疚感，不過同時也要記得，擁有能彼此扶持的手足，是父母給孩子最棒的人生禮物，沒有什麼更好的方式讓孩子能學會等待和分享，以及照顧與關懷家人。所以當負罪感浮現時，我們要提醒自己將心思放在如何培養與孩子獨特的連結上，雖然會有幾年辛苦的日子，但當手足彼此成為玩伴或分享心事時，這將會是最甜美的果實。

作者序

手足之愛，安定爸媽的心

孫明儀

在出版第一本書《愛上當爸媽這件事》之後，一直沒有決定何時要再寫書，但是當親子天下跟我接觸時，提議來寫一本手足教養的書，我馬上覺得很有興趣希望可以開始規劃。那個時候，我還不明白為什麼自己會馬上這麼有興趣。

在簽約後的第二天，因為寫書時難免會分享到自己的帶養經驗，我跟孩子們報告要開始寫第二本書，取得他們的同意分享生活中的例子，這次是要幫助其他爸媽了解孩子們為什麼不能好好相處，爸媽可以做什麼讓孩子們更喜歡對方。這一次，他們兩個的反應居然是很開心，其中一個說「耶～沒有太多我們的事可以寫了」，兩個人開心地擊掌。

真的，他們兩個很喜歡對方，在處理手足紛爭我沒有太多的經驗。他們兩個是對方的好朋友：好吃的食物會留給對方；互相提醒帶東西；睡前聊彼此的祕密；去校外教學一定記得買禮物給對方等等。當然，無可避免地兩個孩子偶爾也會不愉快，他們對彼此的攻擊通常是以開玩笑或是打打鬧鬧這種小規模的方式宣洩，因為他們有更多更多喜歡跟對方相處的記憶。

有一年，因為先生的工作，我們在一年半內要從台灣搬到美國，然後再搬回台灣。那時，兩個孩子一個才二年級，一個三年級。整個家庭在這樣短的時間要大搬家重新開始兩次其實是很有壓力的。當時要搬回台灣前，大人們煩著車子家具要變賣，決定帶走或捨棄東西……時間與生活壓力讓任何有耐心的爸媽也變得容易煩躁易怒。記得某個下午，當我煩到頭隱隱作痛時，轉頭一看兩個孩子，在已經完全空無一物的客廳裡，席地而坐，一人一盞檯燈，安安靜靜地看著圖書館借回來的書，偶爾轉頭跟對方說話，一起笑著。

那麼小的年紀，在家裡已經沒有家具的匱乏環境，沒有抱怨，沒有吵鬧著要跟大人需索更多的關注，他們有的僅僅是書和彼此的陪伴。但是在那個當下，流動在他們之間的那種靜謐與知足深深地震撼了我，讓我在那個煩躁時刻把自己安定下來。幼小的他們竟然成為安定我的力量！

我後來明白自己的震撼來自於那個畫面真的呼應了當初我和先生生養孩子們的期許——當我們老去或離開世界後，即使在困頓與匱乏之時，他們願意彼此相伴，彼此珍惜這生命中最長的關係，互相幫助支持彼此。

我想這或許是為什麼這個主題這樣吸引我，因為我很希望爸媽們經歷到我從孩子相處上得到的安定與幸福感！我希望幫助爸媽理解在手足相處上，孩子們的心理與內在發生了什麼事，在那些衝突與不愉快裡，到底孩子在嘗試說些什麼，然後跟爸媽們一起思考我們可能可以如何引導，如何營造，讓孩子們經驗到其實真的可能和平相處，讓他們喜歡對方。我也希望幫助爸媽們理解自己的成長與內在經驗可能影響自己處理孩子手足相處的問題。

我是個媽媽，對我而言，寫書與演講最終都是希望可以幫助爸媽們增加當爸媽的幸福感。爸媽們擁有學理印證的觀念很重要，學會教養策略也很重要，但我覺得身為爸媽，覺察自己的感受更是不可忽略的。我單純地相信每個爸媽都有權利學習讀懂自己的孩子們，鼓勵自己去摸索去調整，從嘗試中找到協調的家人互動，在自己當爸媽的角色裡感覺安定有自信，感受到幸福與愛的流動。

我很幸運擁有一個團隊，在這裡要謝謝親子天下的佩芬、筱玲、川惠與怡華的幫忙，是這個團隊跟我一起催生了這本書。希望這本書的分享能帶給爸媽們一些方向，祝福爸媽們在持續嘗試的過程中都能創造出屬於自己家獨特的幸福！

目錄

part.
2
預見幸福手足

part.
3
手足，是一生中最長遠的關係

part. 1

多寶家庭向前行

01

發現──內心更寬廣的愛

在大寶來報到後，經歷了一陣子新手爸媽的混亂，在辛苦的照顧中慢慢地找到了三個人的相處步調。然後，我們會發現自己和伴侶想著是否要有更多的孩子；或者我們的親人及長輩，看著可愛的大寶，轉過頭伴隨著殷殷期盼的眼神，跟我們問上個幾句：「這麼可愛要不要再接再厲？」「要不要再生一個男／女的？」「再生一個給老大做伴比較好啦！」當然，我們都知道，這樣的詢問並非惡意，有著「關懷小夫妻」的意思。有時候這樣的關懷再加上自己的考量，會推波助瀾的讓爸媽們開始認真考慮再孕育一個孩子。不過，到底讓爸媽們願意踏入兩寶或是多寶家庭的原因是什麼呢？讓我們一起「回想初心」吧！

擴張對「幸福家庭」的想像

有些爸媽是因為自己的成長過程有手足陪伴，覺得長大的過程很熱鬧有趣；相反的，也有爸媽自己是獨生子女，不希望自己孩子經歷類似的孤單；當然，有些純粹只是想要試試看，可否生出不同性別的寶寶；有一些則是希望跟再婚的伴侶有愛的結晶；還有些爸媽擔心年邁的日後，多一點孩子來分攤責任會比較輕鬆，孩子們遇到困難也可以有商量的對象；又或者，覺得有兩個以上的孩子，整個家庭血脈的延續比較有保障等等。

無論如何，爸媽們對「幸福家庭」的想像，期待自己擁有多大的家庭，都對是否再孕育一個孩子的決定有著強大的影響力，也是這些對幸福家庭的想像，讓爸媽們即使在帶養第一個孩子的辛苦中，仍願意繼續嘗試。

可愛的是，除了爸媽們的決定外，有時大寶自己也會表態，要求爸媽給他個弟弟或是妹妹，不過孩子的理由常常讓人愕然失笑；例如，想要有弟妹的原因，是因為有了弟妹，他就可以睡雙層床的上鋪；或是想要有個弟弟可以跟自己一起踢球等等。

當然，除了爸媽自己對幸福家庭的想像之外，許多爸媽也反應會決定再孕育更多孩子，正是因為對大寶的愛；他們希望生養更多孩子來跟大寶做伴。許多爸媽在成長的過程中經驗到，有手足們一起經歷成長中的笑與淚是珍貴的，於是，他們相信孩子如果有手足，可以讓成長過程更豐富，更不用提未來爸媽百年之後，大寶還有自己血緣的手足們可以互相依靠與彼此幫助。

不過，雖然我寫的是「手足相處」，但如果爸媽們真的覺得一個小孩、三個人相處就足夠時，面對長輩關愛的眼神，好好溝通會是兩個人需要齊心協力的工作。

每個孩子的到來都有正面價值

有時候，孩子的意外報到，讓我們感到懊惱、驚訝、興奮或者是不知所措。如果第一時間沒有辦法欣喜地迎接這個消息，先不要急，因為是意外，希望我們可以給自己多一點時間來思考是否願意進入兩（多）寶家庭。

當我們決定留下孩子的同時，即使孩子是意外來的，我們要告訴自己這些初期複雜的驚嚇、不能接受與煩躁的感覺都只是個過程。每個家庭適應這個消息的時間不一樣，甚至伴侶之間的消化時間也長短不一。除了給自己足夠時間以外，我們也需要允許伴侶可能以不同的速度來消化這個消息。

有時候，當下的壓力感，來自我們知道照顧孩子很辛苦，畢竟當爸媽是一輩子的事。但，我們也在跟大寶的互動裡明白親子緣分是雙向的，孩子有能力跟我們需索，但是也有能力給予我們。所以，面對這些複雜的感覺，我們無需留在愧疚或自責裡，也無需感覺怨懟或煩躁，而是跟伴侶好好討論，轉化自己的心態，告訴自己這是孩子跟我們的緣分；這些複雜感覺在不同階段可能會改變，讓我們較能正面地看待這個即將到來的新生命。

當然，有些爸媽們是出於長輩給的壓力不得不再次懷孕。我曾經遇過一位懷第二胎的媽媽，忿忿不平地跟我分享自己如何受公婆的壓力要再生個兒子，因為她的大寶是女孩。她說她和公婆談好的條件是她只負責生，在南部的公婆要負責養，所以生完她就要把二寶丟回南部給公婆照顧。我不清楚是否孩子出生後她有改變她的想法，但我能明白感覺自己被強迫了的憤怒，與為了維持婚姻平順不得不妥協的無奈，我想這些情緒都可能影響自己懷孕的過程，因為我們的身心是相連的。

無論如何，當自己有「不得不做出這個決定」時，我們要學習覺察自己的感受，並思考看看，有沒有什麼方法可以轉化它，讓自己嘗試在這個過程找到屬於自己的、更正面的意義？

- 除了感受到自己對長輩壓力的退讓或是無奈，在過程中是否還獲得了些什麼？
- 過程中有什麼事情是我可以為我和另一半決定的？（例如：生產的醫院和月子中心的選擇等）
- 在懷孕至生產過程中，我可以如何對自己好一點？
- 我是否可以開始想像未來的家庭生活？或是育兒的分工？
- 當我們變成兩（多）寶家庭時，我們家可能有的資源或是協助會在哪裡？

在這些思考點中，希望爸媽們可以從外在壓力轉向，慢慢地找到自己可以著力並疼惜自己的部分，找到迎接這個孩子的正面價值。

孩子，讓我們擁有更寬廣的愛

不管是壓力、意外或是計劃中，我們決定或是即將成為兩寶或是多寶家庭了！要經營這樣的家庭會有兩倍或是多倍的辛苦嗎？是不是多一個孩子就多操一份心？聽說不同孩子有不同心性，讓爸媽們操的心也不同……，真的是這樣的話，到底值不值得呢？

其實，雖然兩（多）個孩子等於更多的辛苦與勞累，但是爸媽們獲得的也是兩（多）倍的笑語、兩（多）倍的「爸爸媽媽我愛你」、兩（多）倍的驚喜與被逗笑、兩（多）倍的趣味與感動以及兩（多）倍的擁抱與親吻。而且最棒的是，即使是同一間公司出品，保證每個孩子都是獨一無二的。

我自己和我的朋友中，有兩個孩子以上的家庭，大家都表示無法想像回到只有一個孩子的家庭生活，感覺雖然忙亂，但是卻很值得。我自己的體會是，原來在我嘗試理解不同孩子的心性，摸索著如何用不同方式給愛時，發現了自己孩子們各自獨特的地方。讓我更驚訝地是發現了原來我真的可以用不同的方式來跟孩子們培養感情。我的兩個孩子，讓我明白原來我的內心可以擁有更寬廣的愛！也讓我看到的家庭生活變得更豐富！

所以，在我們決定或是即將進入兩寶或是多寶家庭的此時，讓自己想像一下未來的家庭互動會是什麼樣子吧！想必是家人之間更多的交流，更熱鬧的家庭氛圍吧！我想，在這些熱鬧氛圍裡，手足之間能不能好好相處，將會深深牽引著家中每個人的情緒！

爸媽的教養觀，確立手足相處氛圍

從嬰兒呱呱墜地那一刻起，父母的喜怒哀樂都隨著小娃兒轉。育兒之路披荊斬棘，教養難題百百款，對付一個小人兒已經夠筋疲力竭，再添一簍筐的手足問題，爸媽們不頭大也真難。

然而，坊間親職教養的書琳瑯滿目，網路社群分享的訊息似是而非，學派理論又多如牛毛，尤其在傳統禮教與西方尊重個體自主的潮流衝擊中，究竟手足教養要如何拿捏應對，常令人無所適從。例如，以下幾個最常讓家長感到困惑的問題：

一定要分享玩具嗎？

可以做到完全公平嗎？

「孔融讓梨」還受用嗎？

要教大的讓小的？還是小的尊重大的？

這些問題不容易回答，或者說，其實這些問題，因為不同的價值觀，或許沒有標準答案。與其迷惘在這些疑惑中，還不如靜下心想想，自己希望傳遞給孩子什麼樣的核心價值，而這些核心價值會幫助我們建立家中的相處氛圍。

例如關於「禮讓」或是「分享」，有些家長認為，孩子是玩具的主人，應該要讓孩子有自主權決定要不要分享，而且生活中除了分享玩具外，還有許多細節可以學習，在孩子小的時候，不需一定要強加這一項；至於認同儒家尚禮的家長，也許很希望孩子能跟孔融一樣從小學會分享和禮讓，但同時也擔心如果只是自己盯著孩子這樣做，到頭來孩子也只能學個表象，而無法深層內化到心裡。

除了家長教養的核心價值以外，類似這樣的教養議題，或許還要考慮孩子的發展年齡。例如，兩三歲的幼兒們處在自我中心的巔峰，要他們主動禮讓或分享是非常困難的。真要這些小人兒學會自主的禮讓，或許只能從大人們的引導中提供一些補償當作誘因。當然，這些補償不必然要是物質的，可以是一個擁抱、一個微笑或一句讚美，讓孩子在正向的回饋裡，感知到「有禮貌、懂禮讓」的好處。

在溫暖的親子關係裡，即使孩子因為禮讓而失去手中實質的玩具或是食物，卻得到了爸媽的讚美和認可時，孩子會經驗到禮讓與分享，原來並不同等失去，甚至是另一種更美好的獲得。在日積月累的經驗累積下，孩子便可以內化為自願的選擇，並看到這個選擇對自己的幫助是什麼。

也提醒，在這過程中**請家長保持彈性**，千萬不要只停在「絕對不要孩子讓」，或是「強硬規定孩子一定要讓」，這種非黑即白的絕對二分法裡。**想出一些妥協式的中間選項**，例如，找出願意分享的玩具，收起不想分享的玩具，並且每週輪替，或許就是一個中間選項；建議這些做法，跟孩子討論，讓他們有選擇權與控制感，這會讓孩子感受到大人願意傾聽並了解他們的想法，以及對他們的尊重。

好奇、聆聽、回饋是最真實的陪伴

發展心理學的「依附理論」說，孩子從照顧者的眼神與話語回應中，理解到自己是個什麼樣的人，自己是否可以信任世界的回應。因此，希望爸媽的陪伴是在生活裡，以「好奇」與「像鏡子一樣映射對孩子理解」的方式回饋孩子細節：

「我覺得你的感受是不是……？」

「我好奇你為什麼這樣？」

「我看到你這樣做之後發生什麼事？」

「讓我了解你的困難，我們一起想辦法。」

孩子從親子互動中爸媽所回饋自己的過程，去理解到自己是個什麼樣的孩子，自己什麼做法是爸媽希望的，自己的解決方式是否是恰當的。

當爸媽能夠給予孩子細節的回應，孩子可以開始理解自己，同時感覺被爸媽了解，如果此時爸媽願意慢慢鬆手，孩子於是可以自己調節情緒來評估自己面對的情境，然後面對處理。

有細節的陪伴裡，**包含著爸媽願意去思考孩子行為的能力**；孩子的行為本身只是一個表象，更重要的是行為底下，孩子的意圖或是他的情感需求。例如，在推打幼小弟妹的過程裡，孩子用這個行為表達自己對弟妹的嫉妒或是需求不被滿足的挫折。教養要對應的應該是他的嫉妒或是挫折，而不僅僅停留在制止他的攻擊。

我想用一個簡單的正向循環圖，來解釋建構良好手足關係，爸媽可以為陪伴細節所作的預備（見下圖）。

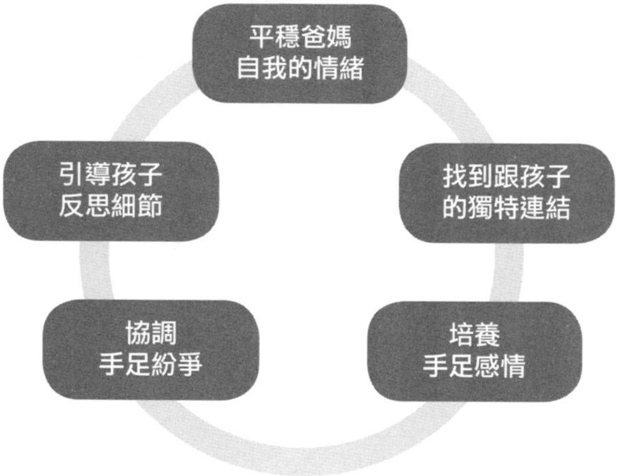

說明：這是一個順時針指向的循環圖。

在陪伴的過程中，爸媽平穩自己的情緒是很重要的，因為當我們在自己的情緒風暴裡，常常無法思考要如何引導孩子來面對或是解決。接下來是爸媽找到跟不同孩子建立情感的獨特方式，因為當孩子感覺到他們在我們心裡是獨特的的時候，他們的安全感讓他們比較不容易去攻擊或是排擠手足。

處理手足議題的方式包含了想法與做法，在圖中，「培養手足感情」與「協調手足紛爭」比較偏向做法，而「平穩自我情緒」與「引導反思細節」則會先牽涉到想法。其實，在日常生活中，不管是從想法或是從做法出發，只要爸媽們願意觀察，願意反思，願意嘗試理解在這個情境裡，自己想些什麼、感受些什麼，孩子想些什麼、感受些什麼，我們便更能穩住自己的情緒，跟孩子一起嘗試用不同社會化的方法來解決問題，例如建議孩子尋求大人協助；引導孩子學會轉向或是拉開距離等等方式來面對手足相處的問題。想特別提醒的是，此圖是個循環，並不是固定的步驟，也無需一定要從哪一點開始做。

我想進一步詳細解釋手足議題的親職重點，希望能幫助爸媽更加理解核心觀念：

＊孩子需要感覺得到自己在爸媽心中的獨特位置

「找到獨特方式跟孩子建立感情」和「孩子感覺到被愛」是一體的，當爸媽們從生活觀察中看到孩子獨特的心性，願意調整自己互動的方式來呼應孩子，孩子便會感覺自己在我們心中是特別的，這樣的特別帶來一個穩固的安全感，能幫助他們感覺到自己在爸媽心裡是不可取代的。於是，孩子們在獨特的互動中，感覺到我們的欣賞與鼓勵，也信任我們給他們的愛是安穩的。

＊手足教養應該著重培養正向溫暖的情感

預防永遠勝於治療——如何在手足來臨前，慢慢幫大寶預備好，在弟妹出生後，幫助他們從互動中建立深厚的情感，是一個重要的步驟。手足教養不應該只聚焦在負面行為的處理，更重要的是家人之間的愛與關懷。爸媽多花時間幫助孩子們建立感情，日後就會花愈少的時間處理孩子的紛爭，因為孩子們之間的友愛幫助他們對彼此有更多的願意容忍，更多的尊重與關懷，因此預防勝於治療是我自己帶養的經驗談。而且，真的想分享的是，當看到孩子們之間友愛相處時，真的能讓我們做爸媽的感覺更幸福！

＊嘗試引導孩子思考手足衝突的解決方法

手足議題和其他孩子生活中面臨的困難一樣，都需要孩子建立自己評估問題的態度與解決問題的想法，當然，爸媽在其中的角色是引導。如同之前所提到的正向循環圖，我們可以先從想法或是直接切入做法來開始調整。在親職的教養過程中，最重要的是觀察與反思——觀察自己也觀察孩子，思考孩子也思考自己，然後在討論之中幫助孩子建構方法與策略！接下來我將分享許多不同的引導做法，希望幫助爸媽在嘗試協助孩子處理紛爭時，有一些具體的方式可以開始。當然，也期待爸媽從這些嘗試中，可以歸納出適合自己家庭的處理心法。

＊最重要的是爸媽能觀照自我的情緒

不管是處理手足相處或是日常的親子互動，最重要的是爸媽可以先平穩住自己的情緒。成人世界裡的日常生活壓力，很難讓我們沒有情緒，但是，希望我們能努力不讓理智線經常斷掉，或是停留在發過脾氣的愧疚裡。

其實，我們無須害怕負面的情緒，情緒也可以有積極的意義，它讓我們有機會停下來想想自己怎麼了，有機會開始了解自己的想法與感受，思考如果自己不喜歡發脾氣，應該要如何調整自己。並不是要爸媽否認或是消滅負面的情緒，而是希望爸媽學習觀察自己，掌握情緒潰堤前的訊息，並及時先把自己拉住，不要讓情緒帶著我們衝出去，因為當我們情緒潰堤時，將無法好好引導孩子。反之，當我們可以平穩自己的情緒，好好引導孩子解決紛爭時，對營造溫暖的家庭氛圍會是很有幫助的。

從我第一本書《愛上當爸媽這件事》開始，我就希望跟爸媽們一起體會，花了這麼多心力，不單單只為了孩子的教養，更重要的是跟一起走在教養路上的爸媽們，能夠找到當爸媽的價值，感受到家庭幸福帶給自己的生命意義。因為當我們能從每日的生活裡，感覺得到自己在孩子、伴侶眼中的價值，以及從互動中體會到他們回饋的愛，我們給予家人的能量便能生生循環不耗竭。

帶養孩子的路上，就算是親職專家也會遇到困難。但是更重要的是，我們可以用一種積極的態度去看這些困難；這些困難提供了機會幫助我們嘗試了解自己是什麼樣的父母，自己想當什麼樣的父母，讓我們有機會摸索，從調整的過程變成自己期待的樣子。

走入家庭是自己的選擇，和家人結的是一輩子的緣分，能在家庭中感受著愛與被愛更是寶貴的幸福！

準備好了嗎？讓我們全家一起，走一段或許辛苦卻也是充滿希望的幸福之路吧！

02 迎接——真實的手足關係

今天被客戶放鴿子，又挨了老闆一頓刮，終於下班回到溫暖的家；你鬆開領帶、脫了皮鞋，打開家門的剎那卻差點沒昏倒。老婆在吵嘈的廚房張羅著晚餐，兩個孩子在客廳吵起架，你按捺著將爆發的情緒踏進家門，雖然知道「手足衝突」在所難免，但這時究竟該不該介入？太早介入好像會剝奪他們自己解決問題的機會；但完全放手不介入，讓他們自己想辦法社會化似乎也不太好……

其實不只是父母，孩子也面臨著相同的困境。和我一起工作的孩子就曾告訴我，自己長期被手足欺負，但爸媽沒處理也沒反應，讓他覺得自己好像被遺棄，而感到傷心和憤怒；但也有孩子跟我分享，爸媽每次都太快介入並強硬干涉，讓他覺得爸媽心裡並不信任他和手足可以自己處理。

「適時介入」有其必要性

看來，過與不及都不理想，那麼，究竟怎麼辦才好？

其實，沒有一本書可以告訴我們，到底要不要介入紛爭，或是何時才是最好的介入點。但我以個人的工作經驗來看，「適時介入」實有其必要性，如此不只為孩子傳達價值觀與是非架構，同時也提供了既定的界線和安全感，尤其是在孩子的幼兒時期。隨著孩子的成長，父母以他們可以承受的劑量逐漸鬆手，需要介入的頻率就會愈來愈低。

那麼，什麼時候是「適時介入」的最好時機呢？

任何家庭都不應該允許傷害在家中發生，因此孩子間的肢體衝突和言語霸凌當然需要我們的介入，不過，孩子們在發生爭執的當下，只要沒有立即的傷害性，或許我們可以先按兵不動，在旁觀察，等到他們有需要時再予以呼應；當兩坨毛線糾成一團，必須靠人從旁協助梳理，大人這時的介入與引導，能幫助孩子順利解套。

此外，當我們觀察到手足衝突在某個類似的情況下不斷重複，那就表示他們卡在這個情境，一直無法自己想出解決方法，當然這也會是「適時介入」的考量點，因為孩子需要引導才能從這樣卡住的情境轉化出來。此外，手足相處過程中，任何重複造成傷害的情況，如霸凌式的言語，或是肢體衝突等等，也都需要大人及時介入協調引導。

當手足的相處如果不斷經驗到龐大的負能量時，將會影響到孩子的心理、人際、自我觀感，甚至是他們日後進入的親密關係。這樣講，並不是希望爸媽極力排除孩子之間相處的負面經驗，反而應該了解的是，手足緊密的一起生活，摩擦本來就很難避免，如果爸媽一味的壓制可能只會出現更大問題。因此，希望爸媽們好好運用手足衝突給孩子的機會，在相處中學會尊重彼此、學會妥協，讓孩子從日常互動中修習社交情緒的必修課。

爸媽適時介入的兩種技巧

同時，我想提醒家長們在處理手足爭執時，千萬別落入主觀的處理模式，給孩子安上特定的角色，例如「欺負者」或是「受害者」。

「不要再欺負你弟弟了！」這句話脫口而出的當下，欺負和受害的角色就被清楚劃分。而有了這個強力定義後，兩個孩子可能就朝兩個極端發展：某個孩子感覺自己總是被欺負，開始自怨自艾，甚至學會以楚楚可憐的「受害者」形象，來霸佔爸媽所有的關注；而另一個孩子也發現，自己可以用欺負手足的方式拿到權力，甚至用操弄的方式來讓其他孩子屈服。

不過，如果我們不在管教時傳達自己的主觀，在類似的情境下，我們該怎麼做呢？我想爸媽們可以**試著表達對孩子的信任，相信他們可以好好處理**。所以，可以將「不要再搶你弟弟的東西了」換成「媽媽相信你知道怎麼有禮貌地跟他要東西，所以我想請你再試一次給媽媽看」。

當然，也有一種情況是，被欺負的那一方不見得會告狀，他們寧吃悶虧也不求助的原因，可能是怕被罵，或是覺得自己也有錯，他想要自己解決，而不希望爸媽介入，尤其年紀愈大愈是如此。因此，**爸媽需要觀察孩子日常的相處，並趁隙找機會單獨談話，個別詢問**：「我看到哥哥一直對你很粗魯，很不客氣，可是你沒有來告訴媽媽，媽媽想之後找你聊一聊。」或是「你對姊姊很兇，這令我很擔心，我想知道你是不是有什麼事在生她的氣？」

這種主動邀請孩子聊聊的方式，會讓孩子感覺到爸媽對他的關心，願意尊重並且觀察到他的需要。一個被了解、被接納的孩子會很有安全感，和父母也能建立起一個溫暖的親子關係。

處理衝突要貼近孩子的心理需求

在成人的世界裡，協調或是解決紛爭的步驟，不外乎是「同理雙方」、「陳述事實」和「解決問題」。只是在孩子還年紀小的時候，我會建議先確保安全無虞，例如兩個幼兒園年紀的孩子為了搶玩具而打架，我們會先把雙方分開，同理他們都很想玩同一個玩具，所以對彼此生氣，然後陳述大人自己所觀察到的情況，並開始協助引導。

*確認孩子經歷的情緒加以同理

我們可以說：「看起來你覺得他沒有尊重你，這讓你很生氣是嗎？」這種「看起來或是聽起來……是嗎？」的假設語氣，可以讓孩子停下來思考一下自己的情緒狀況。這樣的問話可以用來確認孩子的感受，幫助孩子增長陳述自己情緒的能力。

我們知道大腦的發展是由下往上的，也就是腦幹－邊緣系統－皮質層。為什麼同理孩子情緒非常重要？原因是當孩子有強烈情緒時，是腦幹（杏仁核）的部分在支配他接下來的行為，這個區塊的腦是爬蟲類的腦，只能依生存來做衝動或是原始的本能反應。因此，當爸媽們以確認孩子情緒的語氣開始，幫助孩子們回應，然後爸媽們表達同理，這時候孩子下層的腦便會逐漸降溫。當孩子還沒降溫前，他的思緒將無法上到邊緣系統與皮質層進入思考，於是任何爸媽希望引導他學會的方法都無法註冊在孩子的腦袋裡。

當然，有時候孩子較平靜後，爸媽們也可以分享自己的感覺，例如：「你們剛剛吵架的時候，我覺得很煩，很生氣。」這是個很好的示範，一來我們傳達出「只要是人都會有情緒，這是正常的」，二來，這也幫助孩子理解，生活在一起的每個人，情緒會互相干擾。也就是說，讓孩子知道他們的行為會影響別人的感受。

＊幫助孩子客觀地看到問題的根本

當爸媽把爭執的雙方拉開後，稍事同理雙方之後，要幫助他們客觀地看到問題（針對事）的核心，而不是停留在「對方來搶我的東西，我非常討厭他」的主觀（針對人）裡。

解決爭執的第一步，就是所有的人都能看到問題的根本，例如在搶玩具的情境裡，問題的根本是「你們都想玩這個玩具，但玩具只有一個，」或是「大家都有自己想看的節目，但電視只有一台」。

唯有雙方同意面對的是同個問題，才能找出共同解決的辦法，否則立場不同，看事情的角度不同，莫衷一是的結果，無法取得共識。尤其當問題的焦點，轉變成對彼此的不滿進行攻擊時，這會讓情況失去焦點。

＊和孩子一同思考出解決辦法

定義出孩子們共同的問題之後，希望我們可以一起思考解決的辦法。當然，不是每個孩子都能想出辦法，有時候這個狀況或許跟年齡無關，而是跟衝突的緊湊度有關。所以請爸媽記得觀察：當我們要求他們自行解決，卻發現他們的爭執反覆甚且加劇時，表示他們還沒有能力自己想辦法。如果我們不希望孩子最後以「弱肉強食」的叢林法則來解決，爸媽就有必要參與，加入動腦行列。

或許我們可以對孩子說：「這個問題好難，我們來想想看如何找到一個對你們都公平的方法。」在此同時，別忘了重申家中的規矩：「我覺得一定有其他方法可以解決這個問題，我們不需要打人或吵架」。如果情況僵持不下，父母或許可以提出一兩個建議，點燃孩子思考的火花。

以上這三個粗略的層次，只是依照我自己的經驗提供給大家參考的一個方向。誠如我強調過的，坊間沒有任何一本親職書、世上也沒有任何一門學派，可以涵括或是解決所有的教養問題；它是門藝術，沒有絕對的是非和標準答案，需要從觀察、嘗試與調整中，找到最適合的解決辦法。

解決爭議時，我們無法、也沒有必要做到完全公平，**真正要做的是貼近觀察，了解孩子的個別需要**，當孩子的缺口被滿足時，很多問題便會迎刃而解。觀察到個別需求正是我接下來想說的重點。

察覺每個孩子內心的真正需求

雙胞胎手足最為人津津樂道的「心電感應」，最近被證實是一種過度浪漫的解讀。美國加州大學研究指出，這種所謂的心電感應其實並不存在，那些被媒體誇大的巧合，不過是來自於相似的氣質與心智，或者更精確地說，只是因為基因組合相近，在意念上做出相同的判斷。

換句話說，世界上的每個人都是獨一無二，就連同卵雙胞胎都存在著變異；由此可類推，人與人之間建立情感的方式，也不會只有一種固定的模式。

我在自己當媽媽的過程中，對這件歷程有著深深的體會，因為我跟我家兩個孩子的情感連結方式截然不同。我常跟其中一個甜蜜擁抱，但另一個在邁入青春期之後就常拒絕我的擁抱，雖然明白青春期的孩子希望跟爸媽保持距離是正常的，但一開始對於他的拒絕不免感到有點慌張。不過，後來經過觀察，我發現其實他要的，只是我每天放學接到他的時候，認真傾聽他說話，分享他今天在學校遇到的一切。這份親密感對他而言，就像是一種愛的抱抱，當我以這樣的方式陪伴他時，他就能感覺到足夠的愛。

我在這個歷程中體會到每個孩子都是獨特的，即便他們都需要跟我們需索愛，他們希望我們給予他們的方式可能不同。如果我一廂情願覺得抱抱才是愛的表現，也堅持即使他不願意，我還是要給他愛的抱抱，那麼他在當下感到的，絕不會是被愛，而會是煩躁或不耐煩。以抱抱方式找到相愛的感覺或許是「我的需要」，卻不是她的需要。

所以，給孩子獨特的愛，指的是**從日常生活的觀察中，察覺孩子內心真正的需求，當我們的給予方式能夠呼應他們需要的，對孩子而言，那就會是獨特的愛。**

同樣的道理，當孩子們說：「爸媽，你不公平！」表面上看來，他們似乎是在計較自己的蛋糕比較小塊，但其實或許他想表達的是「我想要多一點你對我的愛」或者「我希望對你而言我是特別的」。

「不公平」的計較心態，其實是孩子希望得到更多的愛與關注，所以，爸媽不需糾結在這個公平裡，一直想認真去跟孩子解釋或證明什麼，而應該是花心思去發覺孩子需要的方式，來給予孩子獨一無二的情感連結。「公平」是一種理性、不帶感情的概念；但是「獨特」有著特殊、充滿感情的想像。

或許，這聽起來有點抽象，我想舉幾個生活的例子，讓大家知道如何不過度被「公

當孩子說……	為了公平起見，爸媽可能會說……	營造讓孩子感覺「關注我」的獨特感受……	爸媽可以這樣說……
「媽媽陪我！現在就來！」	「我現在先陪哥哥二十分鐘，等一下也會陪你二十分鐘，這樣兩個人公平。」	讓孩子明白爸媽也重視他的需求。孩子可以從「爸媽雖然可以陪哥哥做作業，但等一下也可以陪我玩積木」之中，感覺到他在你心中的一席之位。	「我知道你現在在生氣我不能馬上陪你，因為我正在陪哥哥寫日記。哥哥的作業對他很重要，就像我陪你也很重要。」 「我二十分鐘後會過去你那邊，你先想想等下我們要做什麼，我過去時你再跟我說，我可以陪你做的事，好嗎？」
「為什麼我的蛋糕比較小塊？」	「好了，別抱怨了！我馬上換另一塊蛋糕給你，現在你的蛋糕跟弟弟的一樣大了吧！」	爸媽關注孩子到底為什麼這樣抱怨，也願意在他的抱怨裡嘗試了解他。	「我好奇你說你的蛋糕比較小塊，是因為你想吃多一點嗎？」
「我要先選！」	「這次誰先選，下次就換另一個選！」	傾聽孩子不同的想法，當他們在陳述時能感覺被關注，同時也給予機會參與解決問題的過程。	「每次為了誰先選總是要吵架，我們來討論讓大家都同意的好方法吧！你們誰要先說說想到的分享方法？」
「我想要有○○○，為什麼不可以？」	「姊姊以前沒有，所以你現在也不能有！」	讓孩子知道爸媽想要明白他們的需要。	「為什麼你想要有○○○？」

平」綑綁，學習在相處中「讓孩子感覺獨特」。（見右頁表）

透過這幾個情境的分享，是希望讓爸媽們看到，關注孩子「讓孩子感覺在我們心裡的獨特」其實不是那麼困難，需要的是我們表達出願意理解他們的態度。

當然在這過程裡，要跟孩子建立起獨特的親子情感，有時我們也會有內在掙扎，特別是我們並不欣賞他們個性中的「獨特」時，或者這個「獨特」和我們的期待有點距離。

例如，我的兩個孩子在氣質和個性上很不相同，當我參與他們的學校活動時，我發現無意間自己也會把他們擺在秤砣的兩端，如果一個表現得比較優秀大方，另一個較內向沉靜，偶爾我自己內在的焦慮就會說話了：「另一個可不可以也大方一點？」每次當我覺察到這種焦躁時，便會趕緊提醒自己「就算他沒那麼大方，他是獨特的，他也有他的優勢。而且並不是每個孩子都需要活潑外向，大鳴大放。」

很奇妙的是，我發現只要我可以守住自己的焦躁，等待一下，通常我就會看到我的孩子也跟著放鬆，願意把自己外展開來，跟其他人互動。於是，我的經驗告訴我自己，**在看重孩子特點的同時，也要學會安自己的心**，心口合一真正去相信自己的孩子有其獨特性。

允許孩子對彼此擁有負面情緒

即使我們已經認知，面對手足，爸媽不應該被「公平」的迷思給綁住，也盡量在互動中，讓孩子感覺到爸媽關注他獨特的需求。但手足間不時傳出的小摩擦仍令人感到煩躁，難道偶爾飄散的火藥味真的無法完全扼止、徹底封殺嗎？

生命之所以豐富有趣，是因為我們有喜怒哀樂和七情六欲，能隨著周遭的互動，混搭出不一樣的風景。手足的互動也是，其間存在著糾結的複雜情緒：崇拜、羨慕、嫉妒、挑釁、競爭、互助、分享，明明前一秒才打起來，後一秒又玩在一塊兒……。

爸媽若無法允許孩子之間的真實感受，孩子們便會壓抑自己的負面情緒。如果我們堅持孩子彼此只能友愛，在衝突當下也只想一直強調手足的好，那麼，孩子不被允許釋放出來的負面感覺，在經過長期的累積和壓抑後，將引發更大的問題，不是帶來更多的欺負行為，就是以情緒暴走的方式來宣洩。

以心理層面來看，負面情緒並非一無是處，在生命的成長過程中，它其實有著重要的意義。因為如果不是「不喜歡」，我們就不會知道自己需要繼續嘗試和尋找；如果不是「討厭」，我們也學不會如何表達與劃清界線。

我們允許手足們擁有真實的關係，那個**真實一定包含正面與負面的複雜感覺**。當手足被允許可以對對方不高興，甚至是發脾氣，但又從這些負面經驗裡經驗到和好時，他們可以感覺到自我是真實在這個關係裡。

允許孩子對彼此擁有負面的情緒不是一件容易的事。曾有個媽媽跟我分享，因為孫老師說「被理解」可以讓孩子的情緒平靜下來，所以她回家嘗試接納孩子對彼此的挫折並且努力練習用「同理」的方式，來處理兩個小孩的爭執，她對老大說：「我看得出來你很生氣，因為你覺得妹妹很煩」正在發脾氣的老大馬上大叫：「對，妹妹很煩，我真的真的真的很討厭她！」媽媽繼續嘗試同理地說：「哇～叫這麼大聲，可見你真的很生氣，你覺得她很煩～」老大叫著：「對，她很煩，我討厭她，我討厭她，我討厭她，你要我說幾次？」

然後，這個媽媽跟我說她就卡在這裡了！因為當老大衝著她射箭時，她覺得自己無法接受這麼強大的負能量。這個媽媽甚至對「同理」提出懷疑，她問我：「老師，當我這樣同理他不好的情緒時，他會不會以為我是贊成他這樣吼叫？我的同理會不會加強他的負面感覺？」「我會很擔心這樣處理，會讓孩子變得目中無人，到處以他的情緒亂射箭。」

在這裡，我覺得有必要做個釐清：「同理」的目的，是讓孩子感覺到自己被了解，我們盡量不要讓同理停留在描述我們看到的狀態，還應該包括孩子的情緒，以及我們觀察到的在這個情境裡他自己的期待。

所以同樣是前述的情境，我想針對同理孩子的情緒，或同理孩子的期待做以下的延伸分享。（見下表）

	爸媽可以說……	孩子可能會說……	接著，爸媽可以這樣回應……
同理孩子情緒＋嘗試了解過程	「我猜他有時候會做出些事情，讓你感覺討厭他。」	「對，我真的很不想理他！」	A.「你要不要試著告訴我剛剛他做了什麼讓你生氣？」 B.「我很高興你願意告訴我這些你對他不好的感覺，下次你有這樣的感覺可以來告訴媽媽嗎？讓媽媽了解一下到底發生什麼事，讓我可以幫助你們。」
同理孩子期待＋了解孩子想法	「我猜如果他尊重你忙著寫作業，先問過你再拿你的東西，你可能就不會這樣生氣。」	「對，他剛剛就是沒有尊重我！」	「你希望他如何尊重你？讓我先了解一下你的部分，我再來問問她為什麼剛剛沒做到。」

不管是同理孩子的情緒或是同理到了孩子的期待，這些對話都進一步幫助孩子澄清自己的狀態。從爸媽的回應中，孩子確認了對自己和對對方的理解，讓他們對情緒的起源，或是自己評斷對方的方式有更清楚地看見。

當孩子感覺到「對！就是因為這樣我才會生氣」的情緒疏通，能讓孩子們在手足相處時，慢慢理解自己為什麼對對方生氣，而「理解」永遠是改變的原動力。我們居中穿針引線，允許或是引導孩子表達出對手足的複雜感覺，他們就能夠在這個整合負面情緒的歷程裡，看清楚自己的喜好與需要。

融化手足關係裡的冰山世界

在家庭裡，並非每個孩子都是以衝突來表達自己對手足的不滿，特別是那些年紀較大的孩子。這些孩子有時候會以「冷漠」來表達自己對手足的情緒，他們或許對手足不理不睬、漠不關心，時常也不願意伸出援手。而這種冷漠態度常點燃家裡的戰火，甚至讓原本的手足紛爭，擴大延燒成親子關係的對立。

我在工作裡觀察到：手足關係裡的冷漠，如果不是典型青春期想往外發展的傾向造成的，通常就可能來自於憤怒——憤怒自己沒有得到爸媽足夠的關注，覺得自己再怎麼樣都無法跟手足競爭。總之，這個冷漠的表情和態度，背後可能藏了一顆受傷的心；因為受傷，所以孩子決定麻痺自己的感覺，讓自己不再難過；也因為受傷，孩子決定拉開距離劃清界線，讓自己不再被影響。

那麼，爸媽們可以怎麼做，來融化孩子的冰山世界呢？

我想鼓勵爸媽們想想：在冷漠還未冰凍大地之前，不也曾經是鳥語花香，百花齊放？這個孩子是否曾經活潑熱情、溫暖且善體人意？即使得把時光拉回四、五歲，那個他還會表達強烈情緒的小時候。

請記得我剛剛提到的「孩子需要感覺獨特」，在接下來的歷程裡，請嘗試理解他的獨特，將這個冷漠的孩子拉到一旁，給他一對一的關注和同理。

我們可以用溫暖關懷，不帶任何批判的語氣說：「我常常在想，為什麼你現在跟以前很不一樣？感覺上好像很冷淡，媽媽記得你小時候……。我覺得你一定有你的原因，你願意跟爸爸／媽媽說說看嗎？」

既然是讓孩子感覺獨特，讓他知道我們願意了解他，那就請爸媽們要做好心理準備，因為孩子可能會說出藏在心底，很深沉的負面感覺，或者會宣洩對爸媽的不滿，甚至做出負面攻擊，這些都要請爸媽承受。如果感覺孩子的回應讓自己很不舒服，也可以先跟孩子說：「我需要消化一下你剛剛跟我說的感覺。」或是「媽媽很重視你剛剛說的話，所以我要好好想一想再繼續聽你說。我們明天繼續談，好嗎？」

孩子的行為常常只是一個表象，更重要的是行為下面的情感需求與意圖。有一句話說得很好：「不要只依照孩子表面上的行為來跟他互動，要以我們希望孩子最終長成的樣子來進行互動。」意思是說，當孩子以冷漠來面對家人讓我們感到挫折時，與其對他發脾氣或是以懲罰的方式冷淡地對待他，更重要的是我們如何給予他鼓勵與關注，因為我們希望找回那個溫暖的他。

像防爆部隊拆除引信那般，爸媽在梳理孩子情緒、排解手足紛爭時，必須有耐心地聆聽、同理、抽絲剝繭……，然而，最重要的是，我們自己的情緒是否穩定？所以接下來，我想邀請爸媽們把注意力放回自己的身上。

爸媽觀照自我情緒，是教養的開端

前面我們談過了穩定爸媽自己情緒的重要性。手足紛爭常如不測風雨，前一秒可能還相安無事，後一秒就狂風暴雨，父母唯有先把自己的船錨定位好，才不會跟著周遭的驚濤駭浪東搖西晃。

在處理手足衝突時，請爸媽聚焦在事件的本身，盡量不要混入自己主觀的情緒。比如看到孩子們吵架或打架，我們盡量從中協助他們找出解決方法，而不是以打罵孩子，來發洩自己的情緒。

當然有時候，我們在狂怒中無法控制自己，可能會出口羞辱，甚至祭出體罰。就體罰這件事，對孩子而言是件痛苦的體驗，不論身體看得到的，或心理看不到的，那些傷會留在孩子的生命裡，影響一輩子。

有些爸媽也許會說：「我小時候也是被打大的，長大後我明白那是我的爸媽為我好，所以我想我的孩子以後會明白的。」我相信這類的爸媽一定也曾經歷過好長的衝突歷程，在又愛又恨的痛苦複雜感覺中，才慢慢體會出自己爸媽當年的苦心。如果現在是我們當爸媽，我們可以有選擇調整自己對待孩子的方式，為什麼我們要讓孩子經歷那些愛我們卻也恨我們的感覺呢？

我們可以想像，當孩子長大後明白「幸福」與「痛苦」居然是來自同一個照顧者時，這會是多強烈又令人困惑！如果孩子從小就可以安心地信任我們、愛我們，那不是更棒，讓我們感覺更幸福嗎？

有些爸媽在發完脾氣後，又會因為愧疚而過度補償孩子，讓孩子在兩極化的經驗裡來回擺盪。在這個情況裡，孩子很難產生「被愛的信任感」，也很難產生「我值得被愛的自信心」。長久下來，他們可能會認為「愛裡一定會包含傷害，因為那才是我理解與熟悉的愛」。這種理解影響了孩子的自我感，以及日後選擇對象的方式；這些，都在「依附理論」長達幾十年的研究中，已經被驗證過了。

所以在這裡，我想舉幾個手足衝突情境中，爸媽一般可能脫口而出的話，先理解爸媽可能有的情緒，再來幫助爸媽想像孩子遭遇這些情境裡的心理需求，並嘗試看看有無調整的辦法：

＊「說！是誰先開始的？」

當父母被吵得很煩躁，想迅速弄清事情的緣由，以盡快釐清責任來好好處理爭執。但很不巧地，這個問題又做了一個球，讓孩子又開始你攻我守，對鬥廝殺；而看到孩子互相指責，我們的情緒一上來就容易口氣嫌惡。這時，孩子慌了手腳，盡一切力量逃脫，攻擊對方、推卸責任，而這些態度讓我們更加惱怒，難以控制，陷入一連串的惡性循環……

其實這時我會建議爸媽先 hold 住讓自己的情緒平穩，以簡單的開場白問：「發生什麼事了？」

＊「為什麼你們總是要吵架？我已經說過很多次了……」

會這樣問，可能因為我們很無奈、很挫折，感覺自己之前的協助和教導根本毫無作用、白費力氣。除了對於重複發生的爭吵感到很生氣外，可能還包含了對自己親職功能的批判。

不過當「為什麼」和「總是」這兩個詞被放在一起時，容易讓孩子感覺被指控而難以招架。孩子會被這個「總是」影響，感覺自己無能為力而自我否定：因為是自己讓它常常發生，所以自己是很糟糕的孩子。

其實我會建議爸媽，或許我們可以試探性簡單詢問：「又吵架了嗎？怎麼了？發生什麼事？」

*「停！不然我要揍人了！」

爸媽會做出這樣的威嚇通常有幾種狀況，包括希望孩子馬上停止、爸媽自己無法控制暴躁、希望用懼怕讓孩子不再犯、窮途末路想不到其他方法，或只是直覺地就脫口而出……

但這樣會讓孩子心生恐懼，並且完全將注意力轉移到這個即將發生的危機，接下來就是生存與否的「戰或逃」了。因此，這個威嚇和前面發生的手足爭執，會變成兩個完全不同事件，換句話說，原本還沒有解決的問題，已被晾在一旁。

建議爸媽這時只需要簡短回應：「停！我們需要分開冷靜一下！」

某種程度來說，「攻擊」反映出我們無計可施，才會用這樣的本能來回應孩子。但其實，體罰不但不能讓孩子學到如何面對問題，反而容易模糊焦點，讓孩子對父母又愛又恨。坦白說，如果體罰真的那麼有效，我想我們不會看到書店裡有那麼多親職書籍。

＊「罰你們一週不能看電視、玩玩具！」「這週沒有零用錢了！」

當好言相勸起不了作用，也不好體罰時，爸媽會感到十分煩躁，這時也許會處罰孩子失去某些特權，希望他們能自我反省，有所警惕。

但這會對孩子心理造成影響，有內在歸因偏向的孩子，可能會覺得自己惹爸媽生氣，自責自己不是個好孩子。有外在歸因偏向的孩子，可能會討厭甚至懷恨自己的手足，覺得有這個的手足很倒楣，因為手足讓他失去喜歡的東西！

我會建議父母不妨這樣回應：「請你們兩個分開來站一下，我要你們各別想不同的解決方式；真想不出來，或是不願意想的人，等下討論完可能要配合對方提議的方法。」

讓孩子喪失特權，的確可以產生一些動機，讓他們提醒自己不要犯錯。不過此時親職的重點是幫助孩子建立「評估問題及培養自主思考解決問題」的能力，因此爸媽的處理，應該要回到問題的本身，讓他們靜下來思考，提出自己如何解決問題——這才是有價值的「後果」。

＊「你們再吵，我就要叫警察伯伯來處理……」

當爸媽被孩子「盧」到受不了，希望更強硬的權力介入協助，這時可能衝口而出這種恐嚇的語氣。

而孩子呢？他們聽到時會如何反應？第一次聽到時可能會是「哦，好可怕，趕快停。」或是「不知道那會怎樣，但我就是要繼續吵」；第二次聽到，可能會是「不知道爸媽是不是認真的，但上次沒有發生，所以不管了，繼續吵」；第三次聽到，就會是「這只是威脅，應該不會發生，不管它」；第N次聽到就會等於沒聽到。

幾次下來不但毫無作用，孩子甚至會產生一種自我貶低的形象：「我們好糟糕，爸媽已經對我們沒轍，居然要找警察伯伯，我們應該比其他小孩更難控制、更糟糕。」

「**停，你們需要分開冷靜一下！**」這時候我會建議爸媽在分開孩子的同時，也一邊進行深呼吸，想想接下來要說的話。孩子們其實很希望爸媽有能力處理他們的紛爭，這讓他們清楚看到不逾矩的界線，就像社會上有法律一樣，這樣的結構與界線也確保了安全感，所以，請爸媽不要輕易地將這個權力交給他人。

我倒真遇過有家長把孩子載去警察局，由警察伯伯扳著面孔配合演出，訓斥一下孩子。但，警察並不會比爸媽了解孩子的個性，帶過去警察局配合演齣戲，充其量也只是一種威嚇，最終還是要回到幫助孩子建立「解決問題」的能力。

＊「再吵你們就出去，我不要你們這樣的孩子。」

這樣說或許是一種情緒勒索，顯示自己已經挫折到一個極點，情緒臨界爆炸。在這種氣話的背後，爸媽其實想說的是：「我真的太生氣了，我不知道拿你們怎麼辦才好，我現在很討厭當爸媽！」

但許多爸媽並不明白，自己一句無心的話，可以讓孩子記憶多久。因為大人的世界有很多人事物，但是孩子的世界相對單純，爸媽就是他最重要的人，因此，孩子普遍對爸媽說的話是敏感的。類似這樣的話很容易觸發孩子的不安全感，也容易加劇孩子的自我否定：「我是個糟糕的人」、「我沒有能力處理自己的問題，而且我爸媽可能因為不愛我，好像把我丟掉一樣。」

建議爸媽可以這樣回應：**「我真的太生氣，我不知道拿你們怎麼辦才好，我現在很討厭當爸媽！我需要想一下再來處理！」**

觀察自己的情緒反應，盡量不要讓自己情緒崩潰，說出這樣很傷害孩子的話。如果真的快要潰堤了，就直接陳述自己的情緒，說完讓自己跟孩子隔離幾分鐘，幾個深呼吸後，再慢慢回復思考的能力。

通常在累了一天之後，這點是最困難的。人在壓力和疲累下，容易有情緒潰堤的時候，所以我們必須學會閱讀自己的生理線索。通常人在發脾氣前可能會有發熱、氣到發抖、心跳加速等生理反應，這個時候就會是情緒潰堤的前兆。如何在那個當下讓自己多做幾個深呼吸，甚至是暫時離開一下現場，即使只是一兩分鐘，都會有幫助的。

藉由分享這幾個當爸媽面臨手足紛爭時常見的直覺式回應，這些情緒在教養的某個點上，我們都可能會遇到。希望爸媽們能理解自己不需要當完美的父母。和我們允許手足間的負面情緒一樣，父母在真實的親子關係裡，同樣可能對孩子有負面的情緒，但我們希望這個過程，我們可以做出示範：**示範情緒並不可怕，重要的是在情緒中學會如何**

掌控；面臨衝突時，我們針對的是行為，而不是針對個人；適當表達自己挫折感受之餘，仍能思考解決問題。

身為爸媽，我們都在這條路上不斷學習，不必對自己太過嚴苛，也無需對過去的處理覺得悔恨，只要孩子尚未成年，自己還是跟他們生活在一起，翻轉親子關係的時間點永遠不嫌晚。

當父母懂得內觀自己的情緒，提升自我情緒的覺察能力後，以較平穩的方式面對孩子的手足衝突時，下一步，就是在親職裡嘗試更細節地去理解孩子的想法與感受。接下來我們將進入預備手足到來的篇章，談談如何促發手足情感與排解手足紛爭，從外在觀察到的手足相處情境中，來剖析孩子的內在的情感需要，並在穩固的親子關係中，幫助孩子們建立溫暖而緊密的手足關係。

part. 2

預見幸福手足

03

預備——大寶適應新角色

「自從媽媽肚子變大後，就經常坐沙發上，不像以前那樣陪我玩，也不再抱我飛高高。我以為等她肚子變小以後就會恢復，沒想到家裡來了一個愛哭鬼，只要他一哭，媽媽就趕緊抱他。我看了很生氣，所以也吵著要喝奶、要吸奶嘴，還尿床。我討厭這個愛哭鬼，因為他搶走了媽媽，我實在太難過，太生氣了，我對媽媽大哭，大聲尖叫還揮手打她……」

有苦難言的大寶

一段大寶的內心戲，不知道大人看懂了沒？對他來說，從被告知會有弟妹的那一刻開始，就逐漸經歷這世界的改變。過去，父母把他照顧得無微不至，對他的需求都第一時間反應，抱著他溫柔唱歌、和氣說話、陪他玩、講故事給他聽、輕拍他的背，安撫他睡覺，這些都在慢慢改變中。還沒正式體驗當哥哥姊姊，他就已經開始感受到媽媽可能無法多陪伴他（例如沒辦法抱起他）；而爸爸平常就很瑣碎的時間，在關注孕媽、胎兒和工作的擠壓下，能花在他身上更所剩無幾……。

等新生兒呱呱墜地，他看著父母費心照顧於另一個小生命，於是，長期累積下來的不安潰堤；他可能生氣、嫉妒、害怕，以吵著要抱抱、要用奶瓶，甚至尿濕了褲子等不同行為來宣洩自己的感受。

事實上，如果我們能理解幼兒對父母的愛有多濃烈，就能理解他們有多害怕被取代。研究就顯示，有高達五〇%到九三%的大寶，在弟妹出生後有明顯的行為改變，尤其是兩歲到五歲的幼兒，容易出現退化行為，變得比以前黏人，或更加難纏。

他們也許對新生寶寶有種莫名的情緒，卻也不見得會把怒氣直接發洩在寶寶身上，因為經過一兩次嘗試後，他們會知道，攻擊弟妹只會引起大人的憤怒，於是他們開始鬧脾氣，尤其是跟他最親密的爸爸或媽媽。

但，這不是因為他不愛我們，相反地，就是因為他太愛、太在乎我們，所以當他無法像過去那樣完全佔有我們時，他會感到失落，覺得受傷，卻又不知道如何使用言語，於是會用看似強烈的「退化」或是「攻擊」的行為來表達。

這，其實也是一種試探，他想要試探父母是不是和從前一樣愛他、在乎他。所以我們可以想像，如果爸媽這時只用嚴厲的態度管教大寶，無疑是驗證了他內心最大的恐懼——彷彿徹底失去了爸媽！當這樣的恐懼衝擊到他跟我們關係裡的安全感時，孩子可能會需要以更強烈的行為來表達這些不安全感，測試我們，希望我們可以像以前一樣愛他。在我的服務裡，我曾經看過孩子用相當激烈的方式衝撞爸媽，或是懷著憤怒關閉自己，最後甚至出現身心的症狀。

前面我們談到，手足教養要讓孩子感覺自己在父母心中是獨特的，這一點，在弟妹還沒出生前是比較容易做到，因為他是家裡獨一無二的寶貝，全心全意被呵護著。但，當新生寶寶介入這個家，也同樣被父母捧在手心上，他開始意識到自己的「獨特」被瓜分，莫名的害怕與不安，逐漸盤據他幼小的心靈。

循著這種脈絡可以清楚了解，**其實爸媽們真正要對應的，並不是孩子的外在的問題行為，而是他的內在的情感需要。**換句話說，既然他恐懼的是「失去」，那麼，我們就要給得「足夠」。

讓孩子感覺被「銘記在心」

精神分析學家溫尼考特（Donald Winnicott）曾提到，教養過程要創造出護持性的心理環境（Holding environment）。這個護持性指的是爸媽從嬰兒時期「捧在手心」到「稍微鬆手跟孩子嘗試面對困難」到「形成在他心裡的信任，讓他自己面對」這樣的進程被建立起來。最後形成的那個信任感，讓孩子在遭遇困難時，不管他們年紀多大，仍舊願意尋求我們協助。而爸媽提供護持性的心理環境的方法，來自於如何讓孩子感覺到自己的爸媽如何將他「銘記在心」（Being held in parent’s mind.）。

簡單地說，「銘記在心」所指的是在日常互動裡，爸媽能夠嘗試用孩子的角度來思考孩子的經驗，承接孩子的情緒與思考孩子沒說出口的意圖，即使會猜測錯誤，爸媽還是願意繼續嘗試去理解孩子。爸媽們願意尊重孩子是個獨立個體，有屬於他的感覺和想法，爸媽也願意尊重孩子跟自己的不同。

「銘記在心」是從孩子的角度來想像他的經驗，因為在不同情境裡孩子面臨著不同的情感衝擊。當然父母的角色永遠不是去搶在孩子前面替他們排去萬難，而是本著對他們的了解，嘗試預想他們可能會面臨的衝擊，陪伴他們預備，讓他們在我們的陪伴中擁有緩衝。

在這種共同預備的過程裡，孩子會感受到我們柔軟的愛，並在對彼此的信任中，建立溫暖正向的親子關係。我們處理的不只是當下孩子對於新生弟妹的排斥感，更是堅定他對我們的信任，在往後遇到任何問題，他可以相信我們願意陪著他面對困難。

大寶準備迎接新關係

對大寶來說，從出生後便一直在安全感的環境裡成長，如今，要和另一個陌生寶寶分享他最重要的東西（父母的愛），要說這是他人生第一個重大衝擊，一點也不為過。因此，在寶寶來臨前將老大的情感需求「銘記在心」，協助他做好接納弟妹的準備，是日後親密手足關係的重要基礎。

如果大寶還在幼兒期，等媽媽肚子開始隆起，能觀察到身材變化時開始預備，對他會有所幫助。因為這時的孩子還不太能理解抽象的概念，對時間的概念也不清楚；當爸媽對他說：「你快要有弟弟或妹妹囉！」他們會以為馬上就要發生，所以若是能透過媽媽肚子具體的變化，幼兒比較容易接受「媽媽肚子裡有個小寶寶」這件事。

大人們也不需期待幼兒對於這消息會有什麼熱烈反應。有些爸媽會開始說：「你要當哥哥姊姊了，以後要疼弟弟妹妹喔！」或是說：「弟弟妹妹以後會跟你一起玩喔！」其實，對於只活在當下時刻的幼兒們，這些話真的很難理解；還沒發生的事，幼兒們較無法有進一步的想像與憧憬。

儘管幼兒們無法以被告知的方式來預備，透過對媽媽肚子隆起的觀察，以及一些具體的方法，我們還是可以協助他和未出世的弟妹建立情感。

方法一：參與產檢，感受甜蜜與喜悅

對於還沒上幼兒園的孩子，如果願意，或許媽媽可以在懷孕的中後期帶他參與一次產檢。有些爸媽也許不願孩子去病菌超多又擁擠的醫院，但對大寶來說，陪媽媽產檢會是個珍貴的經驗。他可以透過超音波聽到弟妹的心跳，還可以看到胎兒的形狀。如果醫師願意幫忙，也讓大寶聽聽自己的心跳，這會讓他感到新奇，也讓他明白他和弟妹的共同點。

妳還可以藉機回味以前懷孕的情況，跟他聊聊妳第一次聽到他的心跳時，有多麼興奮；在超音波上看到他時，有多麼感動。而當下的欣喜和這次迎接弟妹一樣，都是甜蜜而難忘的時刻。

別忘了讓他靠在妳隆起的肚皮上跟寶寶說話，並告訴他，以前他還在妳肚子裡時，爸媽也常常這樣做。而且現在多跟弟妹說話，等他們出生後，就會認得哥哥姊姊的聲音。當他唱歌跳舞或玩遊戲時，如果剛好有胎動，就讓他來摸摸肚子，「你看，你唱歌的時候，弟弟妹妹也好開心喔。」讓他知道「自己是一個被弟妹喜歡的哥哥姊姊」以及「我可以做一些事來逗弟妹開心」。

在這個時刻，爸媽表現出來的高興以及感謝，對大寶有很重要的意義。因為透過爸媽的喜悅和讚美，他會知道爸媽非常希望手足之間很友愛，而他可以做一個喜歡弟妹的好哥哥好姊姊，感覺想必爸媽會為他感到驕傲。

別以為老二還在胎兒時期，就不必急著做任何連結。事實上研究已經指出，爸媽常跟大寶聊胎兒的事，例如寶寶可能感覺如何，或是可能在做什麼，能培養大寶對弟妹的同理心，日後對弟妹的攻擊性也比較小。

方法二：共讀手足相關的繪本故事

不過，太急於預備大寶，也要小心呷緊弄破碗。很多爸媽為了讓大寶接納弟妹，打從懷孕一開始，就借了許多和寶寶有關的書或影片，陪學齡前的大寶一起閱讀觀看。其實，太刻意接觸或太頻繁的討論，會讓老大覺得被強迫，反而容易產生反效果。我建議爸媽在很輕鬆自然的情況下，跟孩子仔細閱讀幾次後，便把這些書跟其他書放在一起，由孩子自己決定，什麼時候再跟你讀這樣的故事。

爸媽千萬要記得，急於操作容易讓大寶覺得厭煩或壓力，唯有孩子透過自主的選擇，才會把那些閱讀的內容，深刻地印在自己心裡。至於關於手足的繪本故事，坊間其實已經有很多，以下推薦幾本，爸媽們可以參考看看。

- 肚臍的洞洞（遠流出版）

這本書可以幫助孩子學會傳達溫暖的愛給肚子裡的寶寶。

- 小寶寶要來了（上誼出版）

藉由媽媽和孩子的對話，凸顯出孩子對寶寶的想像與期待。

- 彼得的椅子（信誼出版）

當寶寶出生後，哥哥要小聲一點不能吵，自己的嬰兒床也被漆成粉紅色的，怎麼辦呢？

- **露露成長系列之露露小姊姊**（三采出版）

露露小姊姊這本書是孩子喜歡的翻翻書，裡面甚至有寶寶超音波的照片可以讓孩子比對自己弟妹的照片，很有趣！

- **一點點兒**（光明日報出版社）

這本書可以告訴大寶，書中的姊姊在寶寶出生後自己學會很多事，媽媽、寶寶和姊姊是如何相愛並感受到彼此濃濃的親情？

- **把弟弟吃掉**（小兵出版社）

這是台灣作家施政廷的繪本，這本書很適合對寶寶有攻擊性的大寶，透過繪本，大寶可以感覺到自己和書中的姊姊一樣，對寶寶有著憤怒、想傷害的心情，卻也有捨不得的感覺。當然在讀這本書的過程，大寶也可以學到運用這樣象徵式的方式，表達自己的攻擊，而不是真正地對寶寶做出傷害。

方法三：用假扮遊戲增進同理心

除了親子共讀外，有些人會買個嬰兒玩偶給大寶，跟他一起玩照顧寶寶的遊戲。確實，透過這些角色扮演，可以讓大寶看到你將來會為寶寶做的事，進而減低他日後的心理衝擊。

不妨在和孩子玩扮家家酒的過程裡，加一些現實的細節，讓大寶理解父母在照顧弟妹時，常常是無法馬上滿足他的需求。例如，當你在替洋娃娃餵奶或換尿布的當下，是無法同時抱著大寶的，但是你可以有個變通的方式，比如為他說個故事，或一起唱首兒歌，如果他真的很想同時有身體接觸，或許他可以坐在妳旁邊，讓你用另外一隻手抓他的背，或摸他的頭髮。我們可以用這樣的假扮遊戲，來預備彼此在新生寶寶來時，還能維持情感的連結。

我們和大寶邊玩邊演的同時，也可以分享一些他嬰兒時期的趣事。他也許會很好奇自己的發展里程碑，例如什麼時候長牙齒，什麼時候會站、會走路、自己吃東西等等。你對於這些故事的描述和回憶，可以讓他感覺到爸媽銘記自己、愛著自己，同時他也會知道自己是如何被頻繁餵養，就像即將出生的寶寶，也會這樣被爸爸媽媽照顧。

有時候，爸媽也可以在採購寶寶的用品時，請他幫忙決定樣式或顏色，或邀請他一起發想名字。當然，如果取名對家族而言是件嚴肅的事，那麼就請孩子幫弟妹取暱稱或是小名。參與這些預備的過程對於孩子的心理建設都是有幫助的。這些實際的參與，讓大寶在弟妹還沒來臨前，提前以兄姊的身分參與這個期待的過程；對尚未出世的弟妹表達興趣而讓爸媽開心，可以提高孩子的自信和成就感，這些都有助於日後建立起親密的手足關係。

方法四：及早讓大寶習慣其他照顧者

父母除了給大寶足夠的安全感，協助他對弟妹建立美好的印象外，我認為還有一件重要的事，就是在寶寶來臨前，及早讓大寶習慣除了媽媽以外的第二個主要照顧者。

我在工作上經常看到這樣的場景：大寶哭鬧耍脾氣，拒絕在場的爸爸抱他，執意要找媽媽安撫。偏偏媽媽那時要照顧小寶寶，無法及時滿足大寶的需求，於是，大寶哭得歇斯底里難以受控，一旁是分身乏術的媽媽，和情緒挫折的爸爸。

有些焦慮或責任感重的媽媽，不論手邊有多忙，總在孩子哭鬧時帶過來親自安撫。

只有一個孩子時，這倒容易處理，但如果同時有兩個以上的孩子時，媽媽先回應其中的一個，便會讓另外一個感覺自己是排在第二名，更不用說有更多的孩子的時候。常常感覺自己是第二名的孩子，日久會變得沒有安全感。因此，如果爸爸盡可能在小寶寶還沒出來前，盡量出面分擔或花時間陪伴，就能減少日後孩子「非媽媽不可」的情況。

然而，許多爸爸平日忙於工作，少有機會參與育兒，所以當孩子情緒來的時候，就容易惡性循環。在傳統的角色分工裡，爸爸多半在外打拚經濟，以求更好的家庭生活品質。**但事實上，生活品質除了看得見的物質外，也包括看不見的情感和凝聚力。**

研究指出，父親高度參與撫育的孩子，日後的全面發展更好，我想這是很容易理解的。育兒的黃金比例是一個孩子對兩個或三個主要照顧者，這種交替接手的模式，讓照顧者有喘息的機會，不致過度疲累而情緒崩潰；同時，又能以不同的互動，提供孩子不同的刺激幫助孩子學習。孩子在社會化的人際關係中，培養出深厚的感情與安全感，適應力會更好，情緒會更穩定，學習狀況也更佳。

當一個家庭從原本媽媽是主要照顧者，後來成了父母共同扛起日常育兒的責任。雖然我們都說這是個甜蜜的負擔；但對媽媽來說，減輕了沉重的育兒壓力，媽媽感覺自己的另一半是可靠的，兩人是同心在經營家庭；對孩子而言，能同時感受到被爸爸和媽媽的愛，讓孩子更可以感受到家庭的甜蜜。

在這裡有幾個方法，可以幫助爸爸們（或是大寶第二個照顧者）循序漸進練習，假以時日，相信要成為勝任的超級奶爸，也沒有想像中困難：

1. **從旁觀察**：請爸爸們先從旁觀察媽媽安撫孩子情緒的方式和模樣。
2. **預想與討論**：如果由於媽媽一直是主要照顧者，爸爸在剛接手時，孩子可能會拒絕或不習慣，事實上，要踏出第一步，本來就總是特別困難，因此與媽媽進行「預想與討論」或許會有幫助。
3. **嘗試上陣**：等觀察並討論幾次之後，就可以開始讓爸爸嘗試上陣。建議先從每天一次開始，在孩子有需求或是情緒時，由爸爸出馬。
4. **挑戰睡前安撫**：或許可以選週五或是週六的晚上，試著讓爸爸能在睡前安撫，帶小孩入睡。當孩子願意讓爸爸帶著他進行睡前儀式，這表示他已有既定的安全感，這時如果他在半夜驚醒，爸爸起身安撫也就比較容易成功。不過，要盡量選在週末夜，這樣爸爸在第二天能夠補眠，不至於上班時太累而難以堅持。

對幼兒來說，睡眠是最可怕的分離，因此，比較好的方式是在寶寶來之前先建立一套固定的睡前儀式（例如：先刷牙，再聽故事，最後抱抱等），幫助幼兒們預知接下來要發生的事，這樣一來，他們比較不會抗拒睡覺，因此爸爸接手時，可以按照這樣的儀式，如此一來，孩子可能比較容易接受爸爸的安撫。

如果在寶寶出生前，爸爸可以花時間陪伴大寶執行睡前儀式，屆時，當媽媽忙著照顧新生兒，無暇陪大寶去睡時，或是媽媽餵奶太累而跟著寶寶睡著時，爸爸都可以無縫接手，協助大寶上床就寢。

也提醒媽媽在這個過程中，請記得要給伴侶或第二照顧者正向的回饋和鼓勵，當然也別忘了謝謝他願意為了你、為了孩子的安全感，持續努力嘗試。

方法五：妥善承接大寶對弟妹可能有的複雜感受

我想，預備這麼久，爸媽們最擔心的，莫過於孩子對新生寶寶有強烈的抗拒。如果孩子表達不想要弟妹，爸媽也先不要過於緊張，可以嘗試了解他抗拒的原因：「媽媽知道你一定有你的原因，你要不要說說看？」

小一點的孩子有時候感覺彆扭，或是還說不出來，爸媽們可以用猜測的方式來跟他核對自己的擔心。孩子的理由有時可能讓大人愕然失笑，但是對孩子來說這些理由都是他很重大的擔心。例如：如果他的回答是「我不希望他搶我的樂高」或是「他會撕破我的書」，請告訴他，你會記得他的擔憂，你也一定會教弟弟妹妹，盡量不讓這樣的事情發生。接著爸媽可以再試著深入了解，孩子怎麼會這樣想？如果他是從學校或朋友那裡聽來的，我們可以多加解釋：「其實每個弟弟妹妹都不一樣，就像你跟你們班上那些當哥哥姊姊的人也不一樣。會發生在他們家的事，不一定會發生在我們家，我們先不用太緊張。」

這樣的問話可以讓孩子感受到爸媽的關注，這是進入溝通的好方法。明白告訴他，你希望以後他有任何擔心就來跟你討論，也讓他知道，你不見得都有答案，但是你會努力跟他一起想辦法解決。

如果大寶是年紀比較大的孩子，願意跟爸媽討論或是希望有弟妹，這會讓我們鬆一口氣。不過，荷爾蒙搗蛋的青春期階段，孩子常常難以捉摸，爸媽也許會覺得他不耐煩，或者不想參與。不管青春期的孩子反應冷淡或是不耐煩，爸媽們千萬要記得，那是孩子發展自我認同，與同儕次文化的發展特徵之一。其實，他還是會把父母跟他說的重要訊息聽進去。

如果爸媽在講完之後沒有馬上得到回應，請給孩子一些時間消化，等過些時日再去詢問他的想法。我們可以等大寶較輕鬆沒壓力的時候，跟他說一下未來可能的情況（例如新生兒半夜會哭），而如果真的發生，父母會如何想辦法避免他的生活受到影響。如此一來，相信再怎麼冷漠或是不在乎的青少年，對於爸媽能以同理心來關注自己，是不會斷然拒絕的。

我們關注孩子即將改變的生活，陪他加以預備，讓孩子感受到爸媽對他的愛，進而有了更強的信心和安全感，孩子會感受到我們給予他的感情，就像是把他銘記在自己的心裡，這就是溫尼考特說的「情感上的護持」（emotional holding）。

方法六：減輕大寶可能產生的分離焦慮

對於即將臨盆的媽媽來說，最無法放下的，可能是孩子能否適應媽媽去坐月子而不在身邊的日子，尤其平常只習慣媽媽帶的幼兒，此時最容易出現分離焦慮。

如果打算臨托，希望爸媽能在懷孕中後期，讓大寶循序漸進熟悉臨托的環境，這個預備就能有效緩解焦慮。例如，在生產前幾週，就開始帶孩子到臨時托育的親友家，甚至嘗試讓孩子住幾個晚上，讓他慢慢建立對於不同環境的安全感；在外出拜訪時，替孩子準備一些他熟悉的東西，比如他喜歡的絨毛娃娃或是小被子，讓他把這些東西帶在身上，這樣可以增加他的安全感。有時候我們反而會讓親人來家裡照顧他，如果是這樣，在原本就熟悉的環境裡，孩子比較容易維持安全感。

如果大寶年紀較大，例如八、九歲以上的孩子，對於分離的忍受度會比較高，我們這時可以跟他討論即將的分離。不過他們對於媽媽住院生弟妹，可能也會有過多的想像，有的時候如果剛好從同儕的討論裡聽過一些關於媽媽生產的狀況，也許就會開始擔心，其中最常見的就是「媽媽會不會因此生病或受傷」。孩子會出現這種疑慮，是因為他愛媽媽，這時，我們可以傾聽他的憂慮，或是讓他談談他所聽過的故事，適時的安撫他，以減少不安。

如果有時間，我們也可以預備這些年紀較大一點的哥哥姊姊們，在腦袋裡預演一遍，在即將到來的分離裡，孩子該做或是可以做的事，爸媽跟孩子想一遍流程，可以讓他感受到爸媽的在乎與關愛，也能給他有心理的預備，增加他的安全感。愈有安全感的孩子，就愈容易適應新生活。

雖然生產的健保給付不過四天三夜，但這對於年紀較小的幼兒來說，已經是很長的分離，甚至，這可能是他生命中，第一次跟爸媽分開這麼久，或是第一次沒有媽媽安撫入睡。因此，如何預備並處理這樣的分離經驗，不要讓他將不愉快的焦慮，跟弟妹的降臨連結在一起，進而對弟妹產生情緒，是爸媽很重要的任務。

不管孩子們的年紀大小，爸媽在進醫院生產前，讓孩子參與打包，是個很不錯的方法。如果孩子喜歡畫畫，就請孩子畫一幅圖給媽媽，讓媽媽看到它就可以想到孩子；或是請孩子選一張自己最喜歡的照片，讓媽媽在住院期間想念自己時可以看；甚至是讓孩子用自己的手機錄一段給自己的影片等等。

這種「參與打包」有著象徵性的意義，不僅**讓孩子覺得自己也參與了迎接弟妹的來到，也讓孩子感覺自己的一部分被媽媽帶著**，一起到醫院歡迎弟妹的來臨。

手足的第一次接觸

不過，產前再怎麼替大寶預備，他第一次見到弟妹的反應，常常是爸媽們無法預測的。有的大寶想當個好哥哥或好姊姊，希望能馬上擁抱或親吻新生寶寶；也有躲在門後，怎麼叫都不過來看弟妹的；甚至還有大寶在看到寶寶後，要求媽媽把寶寶送走的；尤其較小的孩子反應更是很直覺的，他們可能直接說出「弟弟好醜」，或是才看了弟妹一眼馬上就開始纏著說：「我要你跟我一起回家。」

當現實跟期待有落差，再加上生產後的疲憊，容易讓新手爸媽有失望的情緒產生。所以，無論大寶的反應如何，都請爸媽不要對孩子有太大的情緒，甚至期待大寶要表現出喜歡弟妹的行為。連大人都需要一點時間適應寶寶，大寶對新生弟妹的適應當然也需要時間。而手足初次見面只是個過程，大寶感覺很冷淡的情況，其實也還滿常見的，所以爸媽不必太放在心上，況且未來還有漫長的時間，可以培養手足的情感。

有的孩子在看到弟妹時，很想表達自己對弟妹的喜歡，想抱抱親親他們，甚至是幫他們穿衣服等等。如果因為大寶年紀還小，爸媽可能會擔心孩子不懂拿捏力道而嚴加制止，大寶可能會感覺受傷。這時，爸媽不妨適時地介入，引導他們和弟妹做恰當的互動，教他們學會應該有的力道。

我們可以藉機跟大寶一起觀察弟妹，告訴他每個小寶寶剛出生時都很脆弱，他以前也是這樣。所以可以讓大寶知道，當弟妹現在還這麼小的時候，只要親親或是摸摸他們的手腳就好，等弟妹再長大一點，爸媽會請大寶當小幫手協助照顧。通常孩子在被委以照顧的重任時，會體悟到自己是大哥哥大姊姊了，對於能「升任」父母的小幫手，也會感到開心。

媽媽與大寶的重聚

還記得我們提到要將大寶「銘記在心」嗎？當我們要為大寶介紹新生寶寶時，記得掌握幾個小訣竅，讓老大享受被「銘記在心」的溫暖。

首先，不論生產後有沒有馬上見到老大，都請媽媽要表達對他的思念。

有些家庭希望產後的媽媽先好好休息，並不會馬上帶大寶來醫院探視。如果是這樣的話，希望媽媽能在自己比較有精神的時候，跟大寶通個電話，向孩子強調自己也很想念他，希望很快回去跟他重聚。

如果是親戚長輩帶大寶來探視的話，請盡量不要在他們來訪時抱著寶寶或者餵奶，因為看到媽媽親密地對待弟妹可能會讓大寶吃醋。

請媽媽先摟摟他或親親他，並口頭鼓勵他，看到他這麼棒，可以在親戚或保母家乖乖等著，媽媽真的很以他為榮。然後，問問他會不會好奇想看看弟妹，如果他想，再跟他一起看寶寶。

會這麼做是為了照顧大寶的心理需求。就是因為親子關係夠緊密，所以對他來說，這個分離是很長的，更何況這可能是大寶第一次跟媽媽分離。所以對他來說，第一件重要的事是跟媽媽重聚。

如果大寶會在探視時待上一陣子，要記得思考他的需求，帶一些他的玩具，當他無法參與上大人的對話時，可以自己活動。因為大人們可能一直在討論生產經驗、新生寶寶的照顧或餵養問題，過於興奮和專注常常只會注意到寶寶的狀態。例如寶寶睡著時，大家都噤聲怕吵到寶寶，這個時候，如果大寶一直被制止不要發出聲音，他會感受到新生寶寶對他造成的影響，因而心生厭煩或憤怒。

當然，我的意思並不是要爸媽事事遷就大寶，而是在這個過程中，如果可以，我們怎麼樣去兼顧大寶希望被關愛被重視的心理需求並加以引導？例如，希望他小聲一點時，我們可以跟他玩「悄悄話遊戲」，以講祕密的方式，讓爸爸猜大寶跟媽媽講些什麼。

唯有爸媽確實照顧到老大的心理需求，他才會相信我們說的：「弟弟妹妹來了之後，我還是一樣愛你。」

＊允許大寶表達真實的感覺

許多爸媽會超正向地解讀孩子的行為，例如，當大寶看到小寶寶時大聲尖叫，爸媽會對他說：「爸媽知道你實在太興奮了。」如果大寶的反應確實是興奮，那就沒有問題，但如果他其實是帶著負面情緒在尖叫，這樣的回應會出現一個潛在的風險：大寶會感受到爸媽不允許他表達出負面的感受。於是，當他對弟妹產生嫉妒時，他會不知道該如何排解，當孩子感覺無法表達或是不會表達情緒的時候，他們常傾向以負面行為來排除這些不舒服的感覺。

不管大寶對弟妹一開始的反應是多正向，爸媽們要記得，跟所有人際關係一樣，孩子們對彼此可能有正面和負面的複雜感受。記得我們家大寶剛要滿兩歲時對我說：「媽媽去生妹妹，我好生氣好生氣。」我當時感到有點震驚，一來是已經過了好幾個月，他現在才表達；二來是才兩歲的孩子，居然可以這麼清楚描述自己的感覺。不過震驚完後感覺很欣慰，因為他願意讓我知道他的憤怒，信任我不會把他推開。於是我對他說：「媽媽知道把你留在家裡等我們，你很孤單也很生氣，不過媽媽回來了，我們不會再分開了。」我還對他說：「下次你很生氣的時候來跟媽媽說，媽媽給你抱抱，補那時候沒有抱到的抱抱，好不好？」

我的回應讓大寶明白，我並不會抑制他表達自己的感覺，也沒有因為他的負面情緒就把他推開。在那次之後，有幾次他都明確表達自己的生氣或是嫉妒，而我除了允許他有這些負面感覺外，也盡量允許他在跟我的互動當中，可以多感覺到我對他的愛。因此，**當孩子表達挫折與憤怒時，不要讓這些表達改變你原本愛他的行為**，當他明白他可以對弟妹有負面的情緒，但是你還是愛他時，這是他安全感最強大的再確認。

＊確保大寶還有獨佔你的時間

在我自己的帶養經驗中，我很努力地做這件事——確保大寶還有獨佔我的時間，而且我也很幸運，因為我的老大生性溫和，如此就足以安撫了他大部分的嫉妒情緒。

剛剛我一再強調，孩子最想要的，是我們將他的情感需求銘記於心。而在每天像流水帳般的生活裡，孩子們最能在跟我們一對一的互動中，有機會感受到我們對他們扎實的愛。所以，在忙碌的生活裡，如果我們能盡量找點機會和大寶單獨相處，他們就能真實地感覺到我們對他的情感。當然，這會需要一個團隊合作，因為總要有人可以照顧寶寶。因此和自己的隊友討論分工是很重要的！

有時候，我們可以帶一點俏皮和玩遊戲的心情，來提高小孩的興趣與他們跟我們的親密感。我通常會用一種很親密的口吻，讓大寶感覺到這是屬於我們之間的祕密，比如我會在提醒她：「明天下午媽媽要單獨陪妳，好開心喔！我們要不要一起想想明天可以做什麼？去哪裡玩？」

其實，也不需要想得太複雜，有些爸媽第一個反應是：「天啊，我已經很累了，還要陪少爺玩積木？」「媽呀，待會兒還有一堆衣服要摺，我快要崩潰了！」如果真是這樣，倒不如邀請大寶跟你一起摺衣服，邊摺邊玩——拿衣服遮住臉躲貓貓，或是讓他閉上眼睛，猜猜下一件你要摺誰的衣服，等摺完衣服再來玩個搔癢遊戲等等。這樣，你帶著玩耍和遊戲的心情，一邊做著該做的家事，你們分享著笑聲與輕鬆的感覺，也滿足了他需要跟你單獨相處的情感需求。結束前，一句「爸爸／媽媽好高興你剛剛陪我做家事，這只有大哥哥／大姊姊才做得到喔！」會讓孩子感到滿足又驕傲，相信這段美好的親子時光，已經鑲在他的童年記憶裡。

所以千萬不要讓時間追著自己跑，如果真的沒有替手，就不必刻意去空出固定時間跟孩子單獨相處，日常生活中有許多一對一的時刻，只要懂得善用機會，每個零碎時間拼出來的親子時刻，都是甜蜜而美好。

例如幫孩子洗澡的時候，我會盡量放慢速度，傳達我對孩子溫柔的愛，我會邊洗邊跟他說：「媽媽真喜歡你的小手手，喜歡你的圓圓肚子。」當他仰頭讓我幫他洗頭時，我可能會突然親一下他的額頭跟他說：「媽咪的可愛寶貝。」有時候，天氣不會太冷時，我也會請孩子幫我洗洗我的手腳，我會跟孩子說：「你幫媽媽洗有點癢癢的，但是很舒服，謝謝寶貝。」其實，這種簡單的互動過程，就能表達彼此的愛。

最後這段三人行的日子裡，請爸媽要格外珍惜，讓這個身為老大的孩子有被「銘記在心」的感覺。**趁小寶寶來臨前，多帶他做一些三個人喜歡的事**，可能是賴在同一張床上，也可能是一起窩在沙發上看書、聽音樂，或是常帶他去他喜歡的公園，這都會讓他感受到被愛。**而一個被愛充滿的孩子，比較不會去排擠或嫉妒弟弟妹妹。**

尤其，在孕期的最後階段，家裡的點點滴滴幾乎都和新生兒有關，包括別人的饋贈、父母添購的嬰兒用品、住院生產的安排以及親友的祝福與問候等等，弟妹還沒真的報到，整個家裡已儼然被完全攻陷。這時最寶貴的，就是讓大寶還能夠感受到爸媽對自己獨特的愛。

當然，我也想提醒把重心都放在孩子身上的爸媽們，如果有可能，可別忘了應該抽出時間單獨約會。因為在小寶寶來臨後，兩人相處的親密時間會更少，如果兩人都是上班族，不妨請個假約會，回溫一下戀愛的感覺。接下來的日子辛苦而忙碌，如何換位思考與體諒，在互動中感受到夫妻彼此的愛，是很重要的！

總之，如果我們願意以有細節的陪伴來幫助大寶預備適應，在新生弟妹來臨後，他還是感覺得到自己被愛，哥哥姊姊們就不至於有太大的情緒和行為。接下來，我們將繼續討論，生產完且坐完月子之後，家有新成員的考驗才正要開始，此時，爸媽可以如何引導孩子之間好好地相處？最終讓他們發現手足的存在成就了彼此，讓家人之間的互動與生活經驗更豐富美好！

04

經營——幼兒手足好感度

從歲月裁下來的那一幕，儘管已經很遙遠，但只要我從記憶庫裡翻出來，就能清楚地播放：當了四年半獨生女的我，因為媽媽沒替我生弟弟而惱火，當她抱著剛出生的妹妹回家時，我衝著她大叫：「你們把妹妹送給山上的番仔啦！」

當年爸媽因為希望生個弟弟，而告訴我會有一個弟弟，我很興奮地跟幼兒園的老師說我會有個弟弟分享，但是後來我發現來的是妹妹時，感覺很丟臉，所以對妹妹很生氣，而且後來發現爸媽都在照顧妹妹，所以自己的生氣延續好一陣子。老實說，一直到我比較長大一點後回想起來才明白，自己的情緒除了因為弟弟沒有出現，還有我打從心裡討厭這樣的改變，不想這個寶寶出現在我的生活裡！

和大寶重溫親密感

後來我自己升格做了母親，記起這段親身經歷，便告訴自己要關注大寶的感受。於是，當我帶著剛出生的二寶回家時，就特意跟我的母親商量，請她幫忙先抱著二寶，讓我在看到大寶的第一時間，可以專心張開雙臂擁抱她，跟她重溫以前的親密感，等到我們抱夠、親夠之後，再請阿嬤把二寶抱過來看她。

是那個深刻的童年記憶讓我了解，不論剛出院或剛坐完月子回家，跟大寶重逢的當下，表達出對他的熱情與思念，讓小人兒感覺到自己還是深深被愛著，這是多麼重要的一件事。這種溫暖的愛，得以療癒過去的一段時間，那段媽媽不在身邊的遺憾，和難以言喻的不安。

暫別後的重逢，全家籠罩在團圓的氛圍裡，大寶先前的焦躁也一掃而空，不過，在生活一段時間後，他將逐漸理解弟妹將長住下來，不會離開這個家。當他看到爸媽大半心思都花在弟妹身上，而且還一再叮嚀自己要懂事，要配合寶寶的作息，不能像從前那樣隨心所欲時，他習以為常的生活起了重大變化，也因此開始出現一些可能的情緒。

也只是孩子的大寶

前面篇幅我們都在探討如何預備大寶接納弟妹，事實上，就算準備得再充分，在「外來寶寶」剛闖進家裡的初期，大寶仍難免充滿不同的情緒反應，這時，我們究竟該如何引導？

比較有幫助的做法是，先讓大寶明白你願意聽他說，也了解這樣的適應會有些困難。你或許可以說：「爸爸／媽媽知道家裡有很多改變，讓你很不開心。不過弟弟妹妹還小，等他們長大到可以跟你一起玩的時候，我們可以教他好多遊戲喔。」雖然每每談到未來，幼兒可能無法馬上理解，但你和緩的口吻，以及傳達的堅定感，對他們還是有很大的安撫效果。

要讓大寶卸除武裝，敞開雙臂接納弟妹，我們得先同理他的情緒，並找出對應的方法，幫助他更快地適應新生活，甚至愛上自己的新角色。

＊允許大寶在「時空任意門」穿梭，來回得到你的愛

在新生兒被帶回家後，年紀較小的大寶們很容易出現退化行為。有些是因為嫉妒或不安，想和小寶寶一樣，所以用退化的方式希望得到更多關注；有些則是渴望依偎爸媽身上的親密感，尤其在寶寶剛回家的這段期間，這種渴望會特別強烈。

有些家長會正面鼓勵大寶：「你看，你可以吃到好吃的餅乾，但弟妹每天都只能喝奶，所以當大哥哥／姊姊很棒吧。」這種理性思考的安撫方式，確實可行，但偶爾滿足大寶的需要，讓他覺得自己回到小時候被父母寵愛，這種摻著溫暖的感性，也是父母表達愛的一種方式。

允許大寶當回小嬰兒，一來可以讓他在這段過渡期建立安全感，二來可以滿足他重溫完全被照顧的欲望。也許有些家長會懷疑，如果允許孩子吸幾口奶嘴，這會不會給他錯誤訊息，反而讓他停在退化的階段？其實爸媽不用過於擔心，因為沒有孩子會想永遠當小寶寶的，相較之下，他們更希望快點長大，能像大人那樣獨當一面，他只不過是用這種方式來向你討愛、討抱抱而已。

如果是這樣，那麼當孩子出現退化行為時，我們究竟該如何應對？在我過去的服務

中，有家長用過一個不錯的方法，大家不妨參考看看：這位媽媽在女兒情緒平穩的時候說：「媽媽看得出來妳有時候會想當小寶寶。這樣好了，我們來玩——變寶寶再變回大姊姊的遊戲吧！妳可以先當寶寶讓媽媽疼妳，然後再變大姊姊，跟媽媽一起讀故事書。」

這位媽媽巧妙地透過遊戲，讓孩子在過去與現在之間來回，而不會一直卡在退化的狀態裡；孩子也在這種反覆的過程裡更加篤定，不管她是什麼樣子，媽媽對她的愛都不會改變。

果然，經過了一陣子，這孩子便不再出現退化行為，而這位媽媽也跟我說，她覺得孩子對她的安全感又更穩固了。

這時可能有人要嘟嚷了：「老師，我有時真沒有那麼多時間或力氣，可以陪孩子玩變來變去的遊戲耶。」我自己也是雙寶的母親，完全能理解一打二的辛苦，尤其當二寶還那麼小時。但其實，我們不必把每件事都做到滿，偶爾跟大寶商量一下：「媽媽今天太累了，希望你變小寶寶的時間不要太久，所以等一下我抱著你數到二十就好，可以嗎？」

用這種方式和孩子對話，除了讓他覺得被尊重外，也讓他學會體恤。只是，在孩子需要安全感時，如果當時的你，只能給一點點，切記在有較多力氣時，就要給予多一些。愛的存款帳戶要不定期儲蓄，而且存得愈多，親子關係就愈緊密，孩子的安全感就愈足夠。

＊鼓勵大寶對弟妹表達情感

當我們和大寶的親子關係密切時，他就有足夠的勇氣去經歷新關係，對於剛報到的弟妹，也不會那麼有敵意。

有些孩子喜歡聞小寶寶身上的奶香，有些喜歡摸弟妹的手腳，甚至想把寶寶整個抱起來……，不論孩子想用哪種方式來經驗他的弟妹，只要力道與行為是安全的，就請爸媽不要嚴厲制止。

正因為大寶對弟妹有興趣，才會想要接近，而肢體接觸又是表達情感最直接的方式。當然，如果大寶還無法拿捏輕重，我們可以慢慢引導他，抓著他的手輕輕地、慢慢地撫摸寶寶，一邊告訴他這樣的力道最恰當，寶寶會覺得最舒服；一邊也告訴他，以前的他也是這樣被對待。

而除了感官的觸摸外，適時加入情感的引導，更能讓孩子理解小寶寶的需要。例如聽到寶寶哭了，你可以抱起小寶寶問大寶：「弟弟在哭了，你猜他是肚子餓了？還是布布濕了？」對話中，請盡量把你的情感放在語氣裡，這樣大寶會慢慢內化，跟你一起學習同理弟妹：「哎呀，原來是尿布髒了，難怪他會不舒服而大哭。你看，寶寶換好尿布就開心笑了耶，幸虧你猜對了，好棒。」這種帶入感情的事實描述，能把孩子帶進同理弟妹的情境，同時，也讓大寶覺得自己是個稱職的兄姐。

＊邀請大寶加入照顧的行列

當大寶意識到兄姐的角色後，我們便可以伺機派任務給他，邀請他一起協助照顧寶寶。不過，爸媽可千萬不要強迫他幫忙，因為這樣會增加孩子的反感。當然，如果你的大寶願意伸出援手，一定記得要表達出你有多麼感謝他，這樣，才能提高他下次幫忙的意願。

例如在換尿布時，你可以詢問大寶願意幫什麼樣的忙。爸媽可以充滿同理地這樣問：「布布濕掉好不舒服，我覺得弟弟會很開心你幫他選布布，你會想幫忙嗎？」如果他拒絕，你應該跟他說：「沒關係，我知道你現在不想幫忙，下次爸爸媽媽再邀請你喔。」

孩子之所以不願幫忙，很多時候是因為自己正在玩，或者是對弟妹嫉妒，尤其在媽媽餵母奶的時候，更容易出現這樣的情緒，特別是才斷奶不久的孩子，可能會在那個時刻，做些不討喜的事，來爭取爸媽的注意力。因此，與其讓孩子感覺嫉妒而做出負面行為，還不如在哺乳時把一些注意力分給他，讓他感覺舒服點：

- 準備餵奶時，跟大寶聊聊天，看他還記不記得自己喝奶的情況。
- 挑選一個絕佳的餵奶地點，讓大寶在你餵寶寶時，也可以緊緊依偎著你，跟你說話。
- 邊餵寶寶邊跟大寶互動，例如講個故事書給他聽，或者唱首兒歌。
- 邀請大寶幫忙準備小毛巾，跟他說寶寶和他小時候一樣，喝完奶要拍嗝時有時候會溢奶，需要小毛巾擦擦。等他完成任務時，你也替小寶寶表達感謝：「妹妹如果會說話，她一定會說，謝謝哥哥／姊姊幫我拿毛巾擦嘴嘴。」

- 邀請大寶跟你一起當媽媽，讓他在你和小寶寶的身邊，餵奶給自己的娃娃玩偶。
- 準備一些小餅乾，讓小寶寶在喝奶的時候，大寶也能同時吃些點心。

總之，父母善用一些小訣竅，照顧到老大的感受，嘗試給他關注，讓他感覺到即使爸媽需要照顧弟妹，爸媽還是喜歡自己。經常和大寶互動，這樣就能讓他持續感覺到跟你在一起的甜蜜與安全感，假以時日，就能讓他心甘情願，樂意當你的小幫手！

我也想提醒父母的是，不管大寶是三歲或十歲，他都還只是個孩子，**「專注於當下的玩心」及「渴望被大人看見的需求」**都是天經地義、理所當然。我們很難期待年紀尚小的孩子能照顧自己，或自動自發幫忙家務，更不可能要求他們瞬間長大，理解父母照顧小寶寶的辛苦。相反地，我們要在這個時候走進他的心裡，同理他的情緒，不要讓他覺得這世界都繞著寶寶轉，自己瞬間失寵，他才不至於反彈太大，產生過於激烈的反應。

手足的解碼傳聲筒

除了同理孩子的情緒外，如果爸媽能特意去製造一些情境，孩子就更容易有被「銘記在心」的感覺。

例如在寶寶喝完奶、處於身心飽足的平穩狀態時，如果我們還有精神的話，可以把一些時間挪給大寶，這時可以刻意對著小寶寶說：「爸媽剛剛陪你很久，現在要去陪哥哥／姊姊講一本故事書囉。」如果寶寶還太小，無法將他放下來，我們可以把他放在身旁的嬰兒搖椅上，讓寶寶感覺到自己就在身邊，但又能空出雙手來給大寶抱抱。

這種刻意的動作是為了強化老大被「銘記在心」的感覺，藉此他會知道，除了弟妹之外，自己也是父母疼愛的心肝寶貝。

我想，家有兩個以上幼兒的家庭都知道，爸媽們經常會因為忙於照顧寶寶，而不自覺地用命令或禁止的語氣跟大寶說話，或者因為太累而扳著臉孔跟孩子互動。因此，當我們讓大寶聽到我們特意一對一地跟他互動時，相信他的心裡會很高興。

愛，往往是需要化為語言、行動，才得以被表達出來。所以，當寶寶喜歡盯著哥哥姊姊時，我們也可以替寶寶表達出他對兄姐的崇拜，像是「哥哥姊姊好會唱歌，好厲害喔！以後我也想跟你一起唱！」或是「我好羨慕姊姊可以自己走去拿玩具，我以後也要學走路！」

在手足一起開懷大笑時，也記得幫寶寶說：「我好高興我有哥哥姊姊喔！」「我好喜歡跟你玩喔。」當然，如果大寶的動作對弟妹過於粗魯時，也可以適度幫小寶寶反應：「哥哥，這樣不太舒服，我不太喜歡這樣啦！」

我不是要爸媽去杜撰寶寶們正向的感覺，而是如果剛好有那個時刻，寶寶對兄姐的舉動出現開心的微笑或表情時，我們就可以替寶寶表達出他的心情。

某個層面來說，我們這樣做是為了幫助大寶感受弟妹的喜悅，而另一方面，我們也幫大寶感覺到弟妹對他們有一種感情，這樣的感情可能也是複雜的，會隨著自己的行為而不一樣，就像大寶對弟妹的感情也可能在不同時刻不一樣。

編織牢靠的安全網

當然，父母忙於作為孩子間的媒介和轉譯外，也別忘了自己也要和大寶連結。也許很多媽媽會抱怨，忙新生兒都忙翻了，怎麼有多餘的時間和精力？但其實親子關係的累積，往往就在隨時隨地的一點一滴，並非必要一大段落的刻意經營。

例如大寶正在角落玩，我們可以一邊抱著寶寶，一邊遠距用問答的方式跟他維繫感情，不管是玩故事接龍、一起唱首歌，甚至只看著他，或是對著他微笑都讓孩子感覺被關注；而我們在哄寶寶午睡的時候，也可以邀請大寶一起躺下，讓他在床上安靜想個故事，等寶寶睡著後，再跟我們分享他編的故事；當然，如果有肢體接觸就更棒了，例如媽媽在床上陪寶寶睡覺時，邀請大寶躺在另一邊，讓他黏著媽媽，等寶寶熟睡之後，再轉過身給他擁抱，或幫大寶抓抓背，讓他重溫自己當寶寶的感覺。

如果孩子比較大了，白天是去學校，或者爸媽需要上班，白天都是托嬰時，上述的活動可以在晚上或是週末時嘗試看看。這一切，都會讓大寶更有安全感。因為對他來說，失去了對父母獨佔的愛，是他在寶寶報到後的最大挑戰，所以，當他發現自己仍是被照顧著，甚至感覺到被爸媽「銘記在心」，會消除他心裡的不安與懷疑。

總之，善用照顧寶寶的瑣碎時間，和大寶維持某種程度的情感連結，並沒有想像中困難。擁抱、微笑、話語，甚至只是個溫柔的眼神，都會把他依附的親子安全網，編織得更緊密、更牢靠。

幼兒手足過招

當我們手上抱的嬰兒一眠大一吋，以我們無法想像的驚人速度長大，開始會爬、會走、會玩，這時手足間的過招，已不再是大寶對小寶寶的單行道，而是兩人互通的雙向道。兩人碰撞所激出的火花，有時能增加生活的亮點，有時又成了燎原星火，燒到讓爸媽們頭痛不已。

雖說小鬼頭們難纏，有時也「盧」到大人們火冒三丈，但只要摸清一些眉角，許多事情處理起來，也能四兩撥千金，事半功倍。摸清眉角的第一件事，就是理解孩子們看手足議題的角度：

＊「他是故意的，他很可惡。」

當嬰兒亂爬亂抓四處探索，放眼望去遍地烽火無一倖免，尤其兄姐的玩具最是凶多吉少，因為嬰幼兒們不懂界線、不知力道的好奇，有時會帶來破壞，讓哥哥姊姊們暴怒。這時，爸媽如果一味替弟妹解釋說：「弟妹還小不懂事，不要跟他計較」等等，大寶會覺得爸媽不理解自己的生氣與難過，情緒更加崩潰。所以，爸媽要先懂得同理大寶，然後再加以紓解。

當寶寶把哥哥做好的樂高破壞了，哥哥當下很生氣，我們可以說：「你的東西被破壞了，你一定很生氣，我們來看看可不可以把它修好。」在嘗試修理的當下或是修理好之後，你可以進一步跟大寶說：「弟弟現在還不懂，他只是想探險（澄清弟弟的意圖），不過媽媽知道這個玩具對你很重要（同理哥哥傳達理解），下次我們是不是把它放在高一點的地方（一起討論想辦法），這樣弟弟就不會隨便碰到，好不好？」

要跟大寶解釋「寶寶並不是故意的」這件事，必須在孩子情緒平穩下來後再說，並舉出日常的例子讓他理解：寶寶以前只會坐，現在會爬了；以前只會哭，現在會發出聲音想說話了……這些具體的發展進程，可以讓老大知道，弟妹的許多能力都需要時間培養，用正面鼓勵的方式跟孩子說：「你是很厲害的哥哥／姊姊了，但寶寶的大腦還在長大，所以我們一起教他，好不好？」

當然，等孩子們再大一點時，就有可能是故意搗蛋了，此時，家庭規矩就應該被嚴格遵守。我們要多安撫被欺負、受委屈的那個孩子，同時也要規範那個逾矩的孩子。當兩個孩子被分開，兩方情緒都穩定下來時，我們可以一起想想，手足在故意的行為之下，想要說的是什麼，例如：搗蛋有沒有可能是為了要引起對方注意力；也引導另外一個孩子用恰當的方式表達——除了打人以外，用什麼方法才會是有幫助的……。

當手足有互相攻擊的行為出現時，爸媽可以簡單地將界線訂立出來：「我們家不能傷害自己或是傷害別人。」因為一個家應該是安全的地方，並且在當下趕快將他們分開。即使孩子還非常小，我們還是要先告知孩子這個規矩，讓他們習慣這個家規。

＊「這是我的，我不想借他。」

好奇是寶寶的天性，他們在探索的過程中，每樣東西都想碰，而且愈是不希望他碰的，就愈有吸引力，例如電視遙控器，或是兄姐的東西。

曾有對父母來向我求助，他們的三歲孩子半夜不睡覺，讓他們不知道怎麼辦才好。經過抽絲剝繭後才發現，原來這個孩子每天半夜醒來，是為了可以窩在客廳自由自在地玩姊姊的玩具。所以我們可以想像，能夠自由自在地把玩哥哥姊姊的東西，對小傢伙們來說，有著多麼大的吸引力。

當然，在寶寶還小的時候，我們可以帶著他向哥哥姊姊詢問可不可以借玩具；如果大寶不願意，我們一邊安撫寶寶的挫折，一邊幫助他轉移注意力。等寶寶大一點，有語言能力後，我們可以讓他試著自己借借看，如果哥哥姊姊還是不願分享，我們在尊重他的同時也告訴他：「這個玩具是你的，你怎麼決定都ＯＫ，不過，下次換你想跟別人借的時候，別人也可能不分享喔！」

我們希望的是孩子發自於內心的主動分享，而不是硬性規定他們非得這麼做不可。不過，在讓他們樂於分享之前，我們必須先建立起孩子們東西的「所有權」，並讓他們有全權決定東西如何被支配。

舉某個我服務過的媽媽為例：在兩個孩子上小學前，她給孩子們各自專屬的一個抽屜，讓他們保管自己的玩具，凡是要借的，都要開口詢問主人，即使是爸爸媽媽也不例外。而在買玩具時，媽媽也讓他們自己決定要選什麼，而不是刻意買相同的東西。孩子跟大人一樣，唯有買到自己屬意的東西才會珍愛，而且彼此擁有不同的東西，可以讓孩子們練習尊重與分享。

這種「所有權」的界定，讓孩子們覺得自己受到尊重；而能自行決定如何支配這些東西，讓他們感到放鬆，因而願意分享更多。當孩子從小懂得和手足交換或是自然地分享，將來才懂得禮尚往來，在人際關係上有更順利的表現。

*「我不想輪流，不想分享。」

「你們要輪流，要分享！」這恐怕是爸媽們最常掛在嘴邊的口頭禪。在成人的世界裡，這種生活常規理所當然，但對於幼兒們來說，「輪流」或是「分享」卻是很抽象的概念。

雖然如此，我們還是可以透過實際的生活體驗，讓他們理解這樣的意義。例如到公園玩的時候，讓孩子們輪流吹泡泡；在吃水果時，讓這個孩子先選蘋果，下次就讓另一個先選梨子；玩扮演遊戲時，一個當老闆，一個當顧客，之後再交換角色……愈是年幼的孩子，愈需要透過實際的操作來理解這樣抽象的概念。

如何幫助幼童具體學習「輪流」和「分享」這兩個抽象的概念？我在許多的親職演講時分享過一個方法，當時是以相當受幼兒們歡迎的巧虎當引導，跟巧虎一起遵守「數到五就換人玩」的遊戲規則，讓孩子們一邊數數，一邊等待。當然，一開始，沒拿到玩具或玩具被拿走時，孩子會號啕大哭直到玩具再回到自己的手上。但是幾個回合下來，他們就能在這個經驗中，學會這兩個抽象詞彙的實質意義。

我們如果想要讓孩子建立起主動分享的意願，就要幫助他們在過程中，看到這樣做對自己的好處。爸媽們可以在他們嘗試輪流時，點出這樣做的好處，例如可以說：「爸爸媽媽發現輪流時，你們不用吵架或搶東西可以玩得更開心。」「輪流時，爸爸媽媽看到大家都可以玩得到，比較不用生氣。」一旦孩子從爸媽的回饋以及自己的觀察，明白這樣做對自己的好處，也發現爸媽得以放鬆緊繃的神經，減少對他們發脾氣時，孩子們會更願意自主地輪流與分享了。

＊「我不想跟他一起玩。」

對三、四歲的孩子們來說，能和平愉快地「一起玩」，就是最好的感情催化劑，但請爸媽不要過度干涉，只需從旁引導，讓他們自由決定要不要跟對方玩。

正因為心理發展有不同的階段，孩子有時雖會想和手足膩在一起，有時卻又只想靜靜地自己玩。爸媽雖然無需涉入太多，但也不要完全放任不管。像我以前當全職媽媽時，常會一邊忙家務，一邊觀察孩子們的動靜，他們在客廳玩什麼扮演遊戲，我大概都能瞭若指掌，所以當某個人突然打退堂鼓，不想繼續玩，造成另一個人的抱怨，在旁邊觀察一下的我，如果覺得需要介入，都能無縫接軌上線，很快地入戲。

「喜歡」是在每天的生活互動中累積出來的；對孩子們而言，**最容易累積「喜歡」的方式就是一起玩**。但手足並不是永遠都能開心玩在一起，年紀差距較大的兄姐偶爾會抱怨弟妹很煩，想把他們推開，但愈是這樣，弟妹就愈像黏人的橡皮糖。

這時候，爸媽可能就需要介入，跟大寶好好商量，例如告訴他：「弟妹因為很喜歡你，所以想跟你玩，但爸媽知道你還有事情要做，所以能不能就陪他玩一次，至於要玩多久由你來決定？」也可以告訴弟妹，哥哥姊姊有時想要一個人安靜地看書，或者還有作業要寫，他們必須完成功課才能休息。解釋完之後，提議不同的方式來轉移老二的注意力，或者跟大寶協商，請他們在休息時跟弟妹玩一下，爸媽在忙完後會接手跟弟妹玩。

無論如何，請爸媽不要勉強大寶陪弟妹，只需要在他們有互動時，給大寶正面的回饋。但如果兩人因為年紀差距較大真的無法一起玩，或許可以幫弟妹找年齡相當的玩伴；邀請幼兒園的朋友或是鄰居的孩子來家裡，都是不錯的辦法，因為年紀還小的幼兒很需要跟玩伴有大量互動，藉此練習社交技巧。年紀較大的哥哥姊姊也會需要感覺被尊重。爸媽們不用太擔心如果這樣做，手足是不是無法建立感情，其實，除了這些玩的時間，家庭還有許多共享的活動，一起進食，一起出門旅遊，週末的家庭活動等等。在這些分享活動裡，手足們還是有許多互動可以培養感情的。

＊「為什麼他可以，我就不行。」

當小的還小時，爸媽可能會遇到大寶質疑為什麼弟妹可以，我就不可以。例如：「為什麼妹妹可以一直玩，我就要一直寫作業，很不公平！」漸漸地，當小的語言表達能力較好時，可能換他們發出不平之鳴：「為什麼哥哥姊姊可以做……我就不可以，很不公平！」在我的親職演講中，很常遇到爸媽們對於處理孩子們「覺得不公平」的情況感覺很困擾，這個時候該怎麼辦呢？

我想在這些情境下，**幫助孩子觀察對方和自己的不同是很重要的**，年紀不同，能力不同，被期待做的事情不同。在第一個情況裡，家長們很容易回答：「因為你年紀比較大，而且你以前也是這樣玩。」不過，這樣的回應對疏通大寶不公平的感覺，可能沒有太大的幫助，因為以前是以前，他或許會覺得年紀大就比較倒楣。

我想爸媽們要呼應的是大寶當下的情感需求，或許爸媽可以回應給大寶，其實他真正想說的可能是「我覺得寫作業很累，為什麼我不能像妹妹一樣一直玩？」所以爸媽們可以就「寫作業很累」或是「找機會玩來放鬆」一起來想辦法，真正呼應他當下的需求。

至於小的覺得因為哥哥姊姊能力較好，可以做一些他還不能做的事，而感到不公平。我建議爸媽可以同理他的渴望，然後分析要能做這些事情，必須具備哪些能力讓他知道。我會告訴他哥哥姊姊有這些能力一部分是因為他們比較大，但是我也會告訴他，如果他很希望像哥哥姊姊一樣，爸爸媽媽願意跟他一起培養或是練習這樣的能力。舉例來說：弟弟看到哥哥玩吊桿很羨慕，但是他太小沒辦法自己吊，這個時候我們可以帶著他觀察哥哥的動作，解釋手要很強壯，抱著他先讓他練習抓著低的吊桿，讓他有個目標慢慢練習。

發現彼此對自己的好

孩子的生活經驗裡有許多的細節，在手足相處方面，也不是只有難處，更有許多彼此可以學習善體人意的機會。近年來在美國教育界引領潮流的「心態致勝」理論（Mindset Theory）強調，爸媽的讚賞如果放在孩子的努力過程，而不只是輸贏的結果，就能夠讓孩子內化——爸媽看的重點是過程中的努力，而願意花更多精力在努力上。因此，觀察孩子為共同活動付出什麼，將讚美與具體事實（我們觀察到他們如何做）做結合，可以幫助雙方覺察到對方的付出，進而增長彼此的好感。

例如當大寶願意退讓，讓妹妹先選喜歡的餅乾，或是弟妹會記得留一顆糖給哥哥……，我們可以在這些情境發生時，表達自己如何為此感到欣喜：「媽媽覺得你真是個很棒的哥哥／姊姊，我都還沒提，你就主動願意讓妹妹先選。」「你看妹妹好開心哦，她一定覺得有你真好！」或是「媽媽覺得姊姊好幸運，有妳這麼貼心的妹妹，她還沒回來，妳已經特地留了好吃的糖要跟她分享。」

這些溫馨的生活情節，在發生的當下，孩子自己不一定能意識到，但大人特意畫出相處過程中的重點，能協助他們發現對方對自己的好，也能逐漸理解自己跟手足正面的相處方式。

近年來在美國教育界引領潮流的心智理論（Mindset Theory）強調，爸媽的讚賞如果放在孩子的努力過程，而不只是輸贏的結果，就能夠讓孩子內化——爸媽看的重點是過程中的努力，而願意花更多精力在努力上。因此，**觀察孩子為共同活動付出什麼，將讚美與具體事實（我們觀察到他們如何做）做結合，可以幫助雙方覺察到對方的付出，進而增長彼此的好感。**

當手足年齡接近，生活交集較多，父母比較容易著力，但當手足年齡差距較大時，連要把他們兜在一起，都得花一些腦筋。例如某些活動弟妹會很有興趣，但兄姐卻覺得太幼稚不想參加。但這時，或許可以把一個活動拆成幾個階段，讓孩子們拼起來共同完成，比如五年級的大寶對學煮菜有興趣，但弟弟妹妹還不滿三歲，這時可以讓年紀小的孩子跟媽媽一起洗菜，再交給大寶切菜備料；或者請弟妹幫忙遞鹽巴調味料給兄姐，讓他們兩人攜手完成一件任務，可以拉近彼此的距離，讓他們覺得：「雖然我們年紀差很多，還是可以一起做些事。」

在手足的互動中，爸媽從旁觀察他們彼此配合的地方，並以具體事實讚揚他們的合作。告訴哥哥：「弟弟為了幫忙，把菜洗得好乾淨喔！」告訴弟弟：「你看哥哥好棒，現在要努力炒菜給我們吃喔！」

從我們自身的經驗中，我們知道即使是非常親密的夫妻都很難避免爭吵，更何況還在磨合期的手足。有時候，在孩子發生摩擦後，讓孩子知道我們不愉快的情緒也是很重要的。可以說：「其實看到你們吵架，我很生氣也很難過，但我相信你們都不喜歡跟對方吵架。」適度地分享自己的感受，可以幫助孩子理解原來分享或是關懷彼此的行為才是爸媽所期待的。

持續加分與減少扣分

親密的手足關係，來自於平常的一點一滴，父母適時從中穿針引線，可以讓彼此小小的體貼，產生大大的加分效果。

說起父母對手足相處的最大期待，無疑是「友愛相親、和睦相敬」。然而，在孩子還小的時候，需要大人從旁協助，才能讓手足關係持續加分，減少扣分，並在同理和良性的互動中，學會承接對方的情緒。

所謂的「減少扣分」，指的是在情緒一觸即發時，及時同理並予以疏導。對年紀小一點的手足，我們會先把他們分開再處理；對大一點的手足，我們可以說：「我知道你可以不打架就想出解決方法，我們一起來想想看好不好？」或是說：「上次你留給妹妹玩具，媽媽知道你是為了表現對妹妹的關心，這次媽媽也想看你如何像上次那樣。」

對人而言，最好的溝通方式永遠是正面鼓勵，當爸媽對孩子表達信任與欣賞時，通常可以讓孩子們踩煞車思考一下。當然，如果孩子的情緒很激烈，爸媽還是得先予以安撫，讓孩子知道爸媽了解他的委屈與生氣。想要孩子懂得替他人著想前，孩子自己也需要經驗到被同理的感覺是什麼，所謂的「言教不如身教」，當爸媽先去同理他，他也就比較能夠同理弟妹。

至於「持續加分」，指的是鼓勵孩子用讚賞的眼光看待彼此。還記得我們小時候玩過的「優點大轟炸」嗎？大家圍成一個大圈圈，孩子們一個個輪流站到中間，讓外圍的每個人說一項優點，這種簡單的遊戲，能讓大家內心充滿正能量，進而增加團體互動的感情。

而這種方式應用到手足關係上，也能增進親密情感。

爸媽可以讓孩子在生日當天，對壽星表達讚賞與感謝之意，不需要規定要畫卡片或送禮物，只需要讓孩子簡單地說自己喜歡壽星什麼優點，或是很高興壽星在過去一年幫了自己什麼忙，利用這個機會再好好謝謝他一次，這樣就能度過溫馨美好的生日。即使這樣甜蜜的氣氛只能維持幾天，對孩子們而言，那就是一種為對方加分的經驗，也幫助他們在對彼此複雜的感覺中體會到欣賞與喜歡。

都說家庭是最小的社會單位，真是一點都沒錯，研究也顯示，能與手足相處和睦的孩子，進入團體後的社交能力也會更積極正向，因為他們懂得溝通與妥協的技巧，能讓自己愉快地融入團體。

「減少扣分」與「持續加分」這一消一長之間，結果就是手足關係會愈來愈緊密，即使衝突難以避免，孩子們也比較願意妥協或接受父母的調解。在父母正向的引導下，愈是能跟手足好好相處，便愈能感覺到自己是個不錯的孩子，這種好的自我價值感，會讓孩子願意主動關懷對方，主動表達溫暖，對於在家庭關係和未來的人際上，都會形成良性的循環。

我自己在過去全職在家帶養兩個小孩的過程中，花了不少心思幫助他們看到彼此的優點，學會習慣並感謝彼此的陪伴。現在我的兩個孩子都進入國中階段，每每出門時，看著他們兩人並肩走在我前面，感情很好地說說笑笑，真心覺得他們能有彼此作伴，實在太棒了！

總之，爸媽在手足關係裡扮演的協調角色十分重要，透過我們的有效引導，可以幫助孩子同理彼此，即使隱微的競爭難以避免，但他們在大部分的時間裡，仍然喜歡並享受彼此的陪伴。而手足之情在根深柢固、花開樹茂之後，就不再輕易因為相處的小摩擦而受到傷害。

05

引導——手足衝突的正能量

「真是奇怪，大家都喜歡我姊姊，稱讚她乖巧貼心又懂事，但她明明就很討人厭，膽小又愛假仙，連看到螞蟻都會大聲尖叫。每次看她穿裙子在鏡子前笑，我就覺得噁心，醜八怪一個！」（吐舌頭）

「媽，弟弟又對我做鬼臉！」

「……你看，她又在告狀了，很煩耶！」

不論是同性或是異性，手足起爭執或互看不順眼的情況，都十分常見的。在這些競爭和衝突的背後，如果我們從生物層面來解釋，可以看到行為下隱藏著的意圖：孩子們想得到更多的注意與資源。

十分尋常的手足紛爭

在動物界裡，有許多手足相殘的例子，例如鯊魚胚胎中最大的那一個，會在懷孕後期把其他胚胎吃掉，以確保自己的存活機會；而雌性斑鬣狗每次生雙胞胎，在泌乳無法充分供給時，較大的那隻便會頻繁攻擊另一隻，藉以搶到足夠的乳汁，有時甚至會咬死小幼犬。但其實，這種手足相殘的情況，讓最強壯的那個存活下來繁衍後代，以確保物種延續，正呼應了達爾文的進化論。

當然，這些例子和孩子間的衝突無法相提並論，我只是想從生物本能的角度來提醒父母，手足間的紛爭十分尋常，大人們不必過於驚慌。

如果靜下心來想，我們會看到，人的一輩子都在「與他人親密」和「維持自主」之間來回擺盪，試圖找到最好的平衡點，而手足的相處，差不多也是這樣。他們喜歡彼此的相伴，但在相處時會發現自己和對方有許多不同的地方，不僅僅是外貌，連想法、感受、喜好及行為都可能不一樣，因此有時候那些不一樣所造成的摩擦，讓自己又想把對方推開。

同樣來到公園，一個想溜滑梯，一個想盪鞦韆；或是兩人都搶著要同一隻搖搖馬……這一連串「又同又異」的衝突，都是權力拉扯，看似處處爆點，孩子卻可以在過程中互相協調，在輪流分享中培養重要的社交溝通能力。所以，爸媽在遇到手足爭執的狀況時千萬不要慌張，先在旁邊觀察看看孩子們用了什麼樣的策略，再評估自己是否要介入協助。

接下來，我們來看幾個手足衝突的家庭小劇場，爸媽該如何陪著演下去？

第一幕 挑釁

「媽，你看他一直學我，很煩耶～」

你剛把孩子們從學校接回來，正為了晚餐忙得團團轉，兩個孩子在客廳嘰嘰呱呱著，突然，你開始聽到其中一個抱怨說：「你很煩耶，幹嘛學我！」另一個嘻皮笑臉重複這兩句話，接下來好幾次都是這樣，惹得在抱怨的那個孩子急著想跑開，另一個卻在後面追著模仿。於是，受氣的那個跑進廚房，很崩潰地要你出來主持公道。

爸媽或許這樣想

- **菜在爐火上燒，正忙的時候還給我搞這一齣，我心裡也燒出一把火！**

- 我對打小報告的那個有什麼感覺？好想說：「你不要理他就好，我現在很忙，別過來！」
- 我對那個一直模仿的有什麼感覺？我記得以前我妹也這樣，真的很討厭！
- 你們不能讓我少件事嗎？我快不行了……（一整個疲累）

爸媽可以這樣演

先評估進來求援的孩子是否情緒快要爆炸，如果還好，可以一邊燒菜一邊跟他討論處理方式，並給他一些具體建議，例如讓孩子告訴對方不想再繼續玩，或是你可以說：「到不同房間把門鎖上寫作業，等飯好了，我再叫你出來吃飯。」

如果孩子的情緒快要爆炸，這時請先關瓦斯爐，做幾個深呼吸，先穩定自己的情緒。記得要有個心理準備——這鍋菜很可能會爛掉（反正難吃也是大家一起吃），因為一旦介入，得探索挑釁行為是否有任何前因，而如果前面已有相處的摩擦，處理起來會久一點。

做到一個段落時，將兩個孩子叫來詢問，先摘要自己的觀察，並同理雙方：「我看到你一直模仿別人，讓他覺得生氣」「你這樣一直重複他的話，他覺得很不舒服」「我知道你一開始只是好玩，想看看他會不會繼續跟你玩。」

摘要和同理後，接著要拉出界線：「一開始可能好玩，但是一直繼續，可能讓人不舒服，當對方要求停止時，就請你停止。」

最後再和孩子討論看看，有沒有其他的解決方式？例如，讓他們各自去寫作業，暫時不要有互動；或是邀挑釁的那個孩子來廚房當小幫手。

多一點提醒

❶提醒孩子注意親近彼此的界線，而這界線可能會因對方不同時刻的感受變

化而必須調整。

❷引導孩子觀察別人情緒，在互動中聆聽對方聲音。

❸幫助孩子們嘗試理解——如何在互動中表達尊重。

第二幕　計較

「不公平，為什麼你們都對他比較好？」

週末大家在外玩了一整天，回到家，孩子們隨手就把外套丟在地上，你看得火冒三丈，因為已經重複多次的提醒，怎麼還是這樣沒有規矩。於是你抓住一個比較靠近的孩子，要他把外套撿起來，想不到，他居然生氣地說：「幹嘛不叫哥哥撿？不公平，為什麼你們都對他比較好？」

爸媽或許這樣想

- 只是多撿個外套，幹嘛那麼愛計較？
- 什麼？我平常做這麼多家事有在計較嗎？

- **你抱怨的時候早就撿完了！**
- **有嗎？我哪有偏心？你給我說清楚！**

爸媽可以這樣演

我們先同理孩子，知道大家都覺得很累了；如果回到家的第一件事，是應該先把外套掛起來，這是每個人自己的責任，所以，如果孩子還在情緒上，可以問他希望怎麼解決？是休息五分鐘再來掛？還是找哥哥一起來掛？如果這不是他第一次反應說覺得我們偏心，等晚點再找個時間聊聊——為什麼他覺得我們對哥哥比較好。

想區分孩子只是情緒反應，還是真的覺得大人偏心，不妨對孩子說：「有時候較簡單的家事，我也認為由一個人來做就可以了，像是我們有時也會請哥哥幫你做事一樣。不過對於你說的不公平，我很重視，所以想多了解你的感受，請你舉例，讓我知道為什麼覺得我們偏心？」

當孩子分享自己的主觀感覺後，請嘗試給他們更多一對一的關注，可以是陪伴，可以是讚賞他的努力，或者是一起分享他有興趣的東西。

如果爸媽在當下察覺自己生氣了，請在跟孩子說話前先做幾個深呼吸，盡量不要被怒氣操控，而說出氣話：「人家哥哥就不像你這樣愛計較。」或是「哥哥才不會像你這樣找藉口，趕快去掛外套。」用比較的口吻反而容易讓手足之間的計較更白熱化。

多一點提醒

❶手足之間的計較一定會有，大人們應幫助孩子理解，家裡的「公平」不需要以斤斤計較量化的方式呈現，當爸媽願意給孩子關注與讚賞時，孩子們會理解自己做家事的付出有被看見。

❷我們應該接受孩子可以有情緒，就像大人下班後回家做家事，可能也會覺

得煩。然而，我們也可以分享自己即使在情緒中，仍會做好該做的事，或者，以不同的策略把家事做好，例如先只做一部分再分批完成。

❸關注孩子計較的家事和關注孩子感覺不公平的情緒是兩件事，爸媽可以分開處理。孩子認為父母不公平的原因，常是因為他覺得沒有得到父母的注意力，或是得不到足夠的資源。因此在遇到這個議題時，先調整好自己的感受，清楚知道孩子的計較其實可能是撒嬌和討愛。在這種情況下，記得先同理孩子的情緒再來摘要問題，才能處理得事半功倍。

❹允許孩子用跟自己不同的方式來做家事，同時關注他不公平感受的來源，確保他得到足夠的關注。

第三幕 爭吵

「換我了！」

哥哥大喊：「我要用蠟筆畫作業了，蠟筆給我。」弟弟回：「不行，我還在畫戰鬥機。」哥哥加碼繼續叫：「我的作業比較重要，給我！」弟弟回說：「不要，你之前都不讓我用，現在要等我用完。」這時哥哥開罵：「低能，畫這麼慢！」弟弟也不甘示弱回說：「智障，你很吵耶！」

爸媽或許這樣想

- **一點小事也要吵，真受不了。**
- **兩個各退一步不是很好嗎？輪流用一下嘛！**

老娘火起來就把蠟筆沒收，你們誰也甭想用！

爸媽可以這樣演

遇到這種狀況，大人們可以先簡單摘要問題，然後表達同理孩子的情緒，說：「哥哥需要做作業，弟弟想把圖畫完，但我們只有一盒蠟筆。」或是「我知道你們都覺得自己是對的，自己的事情應該優先，所以當對方開始罵人時，你們都感覺很生氣。」

當孩子獲得同理後，情緒會稍微緩和，這時我們再來和孩子討論方法，爸媽可以說：「我猜哥哥會罵人是因為他很著急，擔心太晚拿到蠟筆，作業會做不完；而弟弟罵人是因為生氣哥哥臭罵自己想反擊回去。」「但罵人不能解決問題，而且我們家也不允許。不過我相信你們可以想出一個解決方法。我給你們五分鐘討論一下，等一下回來聽聽你們的討論結果。」

有的時候，爸媽會意外地發現，孩子在討論過後，的確可以提出解決方法排除紛爭。此時會建議爸媽在爭執緩解後，可以藉機提議將日常重心做個排序，比如將「交作業」的重要性排在「休閒玩樂」前面。因為孩子今天的爭吵焦點是蠟筆，明天可能是家中唯一的電腦，所以如果事前擬出共同協議，可以減少日後不必要的衝突。

多一點提醒

❶在上面這個情況中，不管孩子決定每人先拿半盒蠟筆，之後再交換；或者是等弟弟決定何時再跟哥哥分享，孩子都能從中理解到，人際互動裡常伴隨著某種妥協。這種「雖不滿意，但可接受」的情況，讓他們學會調整期待，也學會用比較彈性的方法來看事情。

❷有些爸媽可能會要求孩子們彼此道歉，但如果你發現孩子還是心不甘情不願，通常他們的道歉是被強迫隱藏心裡的憤怒，這時的道歉既沒有誠意，

也不是出自於內心。因此，在孩子情緒還很滿的時候，請不要逼他們趕快道歉，倒不如給他們一點時間冷靜下來，解釋為什麼道歉是必要的，讓他借位思考想想對方的感受，以及自己的悔恨感覺。

❸爸媽要傳達的是：**手足之間一定會有意見不合的時候，但是我們可以找到不傷害彼此的妥協方法**。通常，在爸媽鬆手傳達信任與尊重時，孩子們可以摸索出解決紛爭的辦法，當然，如果他們無法達成共識，還是需要大人們的引導。

第四幕 肢體衝突

「我恨他，我想打扁他！」

姐弟倆回家路上已經在吵架了，回到家裡，弟弟發脾氣地把書包摔在地上，碰巧碰到了姊姊的腳，姊姊瞬間大爆炸，發飆抓向弟弟，弟弟不甘示弱用力回推姊姊，於是兩個人扭打成一團。

爸媽或許這樣想

- 停！你們夠了喔！真受不了，什麼時候才能長大？
- 是誰先動手？真想給他ㄅㄚ下去！
- 我看你們要打到幾歲？

爸媽可以這樣演

當孩子的情緒正在沸騰時，爸媽首先要將雙方隔開，以確保安全；同時也整理自己的情緒，盡量保持平穩。在這種肢體衝突的情況下，第一個處理焦點應該在於動手打人這件事情上，而不是他們最初爭執的點。

「安全」與「不傷害」永遠都是最重要的前提，我們會說：「不管你們吵什麼，我就是看到了你們動手。」「我們家不用傷害別人的方式解決問題。」然後把孩子們分開。

等孩子在不同空間冷靜下來後，爸媽開始鼓勵他們解釋：「我們可以一起回想，打架前發生了什麼事嗎？」「是什麼原因讓你這樣生氣？」要注意的是，陳述重點在於自己的感覺和經驗，而不是批評對方的行為。

在討論的同時，別忘了以自己觀察到的事實來同理孩子：「我看到弟弟發脾氣摔書包，但我不覺得他是故意要傷害姊姊；不過姊姊本來就生氣了，突然被書包壓到一定更生氣。」鼓勵孩子說出自己受傷的感覺，能幫助對方理解自己行為所造成的影響。

我們可以讓孩子知道，生氣沒有關係，因為大人也有情緒來的時刻，但是面對自己的情緒，孩子們應該要學用不同的方式來宣洩，而方式應該要在社會可以接受的範圍之內，簡單的說就是「不傷害自己也不傷害到別人」。例如，可以把想罵對方的話寫下來，或是進房間打枕頭發洩一下讓自己冷靜，但不管怎麼樣，底線就是不可以動手打人。

最後記得詢問孩子，如果再重來一次，如何可以避免這樣的情況。遇到問題時跟孩子一起評估，並思考出不同的做法，是教養中很重要的部分。

多一點提醒

❶ 如果兩個孩子在第一時間情緒都很激動，適當的隔離是必要，這除了安全

考量外，也希望他們在不同空間冷靜下來，好好整理自己。至於情緒還在沸騰中的孩子，也許會在房間裡吼叫或是捶打棉被，只要他不受傷、不破壞、或是繼續傷害手足，這些發洩都是學習的過程。希望爸媽可以容許孩子練習用自己的方式宣洩。因為唯有等手足都冷靜下來，爸媽的引導才有辦法上場。

事實上，生活中愈是親近，就愈容易惹怒對方或是對對方發洩情緒。肢體衝突不只傷害手足關係，也為社會所不能接受，爸媽們要嘗試傳達一個訊息：我們可以生氣、可以發脾氣，但是我們要找到社會可以接受的合理宣洩方式。

❷爸媽要有心理準備，處理肢體衝突的糾紛不能過於速成，雖然會花點時間，但對孩子來說是很寶貴的經驗。跟我們大人一樣，孩子在憤怒下，經常會將對方任何意圖都解釋為惡毒的針對，如果有個機會讓雙方整理事情的經過，以及自己真正的狀態，這可以幫助孩子明白，原來事情有時候不

只是我們表面看到或是腦袋裡想像的那樣。例如在這個例子裡，弟弟也許純粹只是生氣，而不是故意要傷害姊姊。

❸有些爸媽會對打架行為祭出處分，如果真要這麼做，就要處罰得有教育意義，讓孩子為自己的行為與後果做連結。雖然社會法律都用罰錢，或是喪失自由來威嚇犯罪者，但孩子不是罪犯，他們還沒開竅的小腦袋，需要大人的引導，幫助他們進入思考，學到最好的處理方式。

因此，回到上述的模擬情境來看，如果弟弟跟姊姊打架後，是被罰一個星期沒有零用錢，這對下次不再打架，其實是沒有太大幫助。反之，如果「處罰」是爸媽反而派給兩方更多需要合作完成的家事時，就比各自失去零用錢來得呼應行為跟後果的連結。因為，在這個「處罰」裡，孩子有更多機會去練習跟對方的協調與合作。唯有孩子理解自己行為與後果的關聯性，才是有效的處分。

第五幕 競爭

「我就是想比他好！」

期末考前的肅殺氣氛，從學校蔓延到家裡。你側耳聽到兩個孩子鬥起嘴，大的孩子對小的說：「這次數學我一定要考得比你好。」小的回說：「放馬過來，誰怕誰啊！我的自然鐵定贏過你。」

爸媽或許這樣想

- 奈ㄟ安捏？不同年級，不同考題也能比哦？
- 我又沒很重視分數，為什麼他們這麼愛競爭？
- 這樣互相下戰帖真的很好笑。
- 自己應該介入嗎？這種競爭會不會影響手足感情呢？

爸媽可以這樣演

遇到孩子這樣的對話，無須急著介入，爸媽可以花點時間消化一下，思考要不要介入，如何介入，以及介入的程度。如果他們是說說笑笑，那就沒什麼好擔心，但如果假想的競爭讓手足陷入緊張，甚至是敵對狀態，介入就變得很需要。

我們可以找個機會用輕鬆的口氣問孩子：「媽媽有點訝異你們在比成績耶，因為你們考卷不同，不是嗎？」「我想你很在意自己的表現，所以才用這方式，希望自己做得比較好，」「如果你用這個方式讓自己更認真，媽媽尊重你；不過我覺得更重要的是努力的過程，而不是最後的分數。」

其實，手足間的競爭感本來就存在，只要是良性的競爭，爸媽無需太緊張。至於究竟是否為良性競爭，請爸媽記得觀察孩子平日互動的品質，如果大部分是溫暖，這樣偶爾的競爭有時反而可以化成孩子給自己的激勵。

多一點提醒

❶在我過往的諮商服務裡，遇過不少強化手足競爭的家長，他們普遍認為「競爭」可以激發孩子的好勝心，更有動機去努力，有些還會以獎賞或特權，來鼓勵表現好的那一方，彷彿是以經營公司的方法，來經營一個家庭。但，這是好方法嗎？

其實我無法給確切的答案，因為親職教養因人而異，只要不讓孩子心理感覺過於受傷，本來就沒有「非怎樣不可」。不過，不管家長們贊不贊成以獎賞或是特權的方式帶養，請記得，互相競爭中努力獲得的成績固然可喜，但手足在成長過程的分享、互助以及與對方建立起的患難情感，其實更能幫助孩子建立好的品格。

❷當然也有些家長像情境裡的那位媽媽一樣，很訝異孩子會這樣互相比較，

因為明明自己在教養中並不特別鼓勵競爭。但，為什麼孩子會這樣呢？其實每個孩子都渴望自己是他人眼中的好孩子，當學校老師和同學在發下考卷後評論的一切，都會讓孩子知道，所謂的「好」，常常是以分數來呈現，因此，即使家長並不那麼重視分數，孩子們很自然也會以分數來看待自己的價值。

但是如果我們讓孩子們感受到自己不是最重視結果，自己重視的是他努力的態度及過程時，孩子就較能從分數或是輸贏鬆綁。在上述的情境裡，我們要注意的是，這樣的競爭有無影響孩子之間的感情，以致他們無法仁慈地對待彼此。

❸如果他們表達的是：「我覺得自己是哥哥姊姊，我應該要比弟弟妹妹更厲害。」或是「雖然我比較小，但是我想要比哥哥姊姊更棒。」爸媽就該去強調每個人的獨特性，並且舉出例子來幫助孩子明瞭，哥哥姊姊不需要一

定比弟妹厲害，因為每個人都有自己的優缺點。

❹但爸媽可千萬不要自打嘴巴，或拿石頭砸自己的腳。因為許多孩子跟我說過：「我爸媽叫我不要比較，可是他們卻常常對我說，我妹妹什麼事做得比較好，真的很奇怪耶！」所以家長們要提醒自己，別為了安慰孩子而說出一套連自己都做不到的事，如果孩子感受到我們心裡不斷在手足之間做評比，那我們說得再多，他們還是會繼續處在白熱化的競爭狀態，較難培養對彼此的手足之愛。

家庭小劇場 手足衝突篇

第六幕 同盟與排擠

「他們都不跟我一起玩。」

最近姊姊和妹妹經常竊竊私語，弟弟想加入她們，卻被排擠在外，姐妹倆還發明了一些代號，讓弟弟聽不懂她們在說什麼。弟弟哭哭啼啼跑去跟爸媽說：「她們都不跟我同一國，不跟我一起玩。」

爸媽或許這樣想

- 吼，男生怎麼這樣敏感又愛哭啦！
- 他們不理你，你也不用跟他們玩啊～
- 好歹我也是男子漢一個，怎麼生出這樣的兒子？

● 再這樣愛哭，你以後上學會被笑！

爸媽可以這樣演

基本上，希望爸媽們要尊重孩子關係裡自然產生的動力，不過，如果這個動力有很清楚的同盟與排拒，大人偶爾可以試著安排機會，讓姊姊或妹妹有機會分別跟落單的弟弟互動。

當兩個孩子的同盟行為讓其他孩子感覺被排擠時，或許正是爸媽介入的時間點。爸媽可以邀請所有孩子說出自己的感覺，幫助他們相互體會；讓被排擠的孩子表達自己不舒服的感覺，幫助他了解同盟的孩子為什麼這樣做，也可以討論如何跟不同手足建立不同的互動方式。

如果在你努力的引導下，仍無法改善這樣的情況，或許可以讓那個被冷落的孩子向外發展，多交些朋友，不要讓他一直卡在不舒服的感覺裡，這樣會讓他失去信心，覺得在人際相處上自己是有問題的，自己是不受歡迎的。

還有一點可能會被忽略的，那就是在同盟狀況持續的情況下，若有要孩子參與的決定事項，記得盡量不要以投票的方式進行。

多一點提醒

❶三人的互動本來就不好處理，容易出現兩個關係較緊密，另一個被冷落的情況，更不用說三人以上的手足組成。不過，哪兩個關係好，哪個被孤立，也不會一成不變，孩子們的同盟狀態是流動的，常常會改變。而且，不只同盟的隊友會換，有時連抗衡的對口，都可能從另一個手足換成爸爸媽媽。

❷還有另外一種情況也值得我們關注：當孩子們也可能聯合起來跟爸媽對立。在「聯合次要打擊主要」的動力驅策下，手足關係應該是緊密的，不過，這可能也暗示了孩子跟父母之間，在情緒或溝通上有卡住的地方，以

致於他們團結起來炮口一致對父母。這時，應該找個時間坐下來跟孩子好好聊聊，看孩子是否對自己有什麼心結，思考自己可以做什麼樣的調整，或是跟孩子分別修復跟他們的感情。

第七幕 欺負

「我討厭你！」

最近觀察到弟弟經常小題大作，哥哥稍微動作大一點碰到他，他馬上大哭大叫，大人通常轉過去責罵哥哥。但也漸漸發現，忠厚老實又不大會解釋的哥哥，其實才是那個被弟弟欺負的孩子。後來，跟朋友討論時才發現，他們家反而是大寶經常嘲笑妹妹做事太慢，或反應不夠快，也讓妹妹生氣跺腳爆哭。手足之間的欺負行為，真的那麼常見嗎？

爸媽或許這樣想

- **這麼小就會欺負或是操弄別人，長大以後怎麼辦？**

● 好啊～你皮在癢，為什麼講都講不聽咧？
● 好煩惱啊～該怎麼引導孩子，讓他不要欺負自己手足？
● 我要有心理準備，以後可能要常跑學校學務處了，唉！

爸媽可以這樣演

首先，要請爸媽記得提醒自己，不要對孩子貼上「欺負者」或「受害者」的標籤。我們很常說：「不要再欺負你弟弟了！」這話會讓孩子覺察到自己是一個欺負者，也讓對方感覺自己是受害者。

依附理論的「內在工作模式」提到，孩子會因為預期他人將如何回應自己，而先調整自己的方向。如果我們常用某種標籤來評價孩子，他們的行為就可能更往這個方向調整。

那麼，如果不用「欺負」這兩個字，那該如何處理孩子這類行為呢？

我們盡可能把每次都當作獨立事件，不厭其煩地陳述你觀察到的情況。

例如爸媽可以說：「我看到哥哥好像只是輕輕碰你一下你就大哭。」或是「我看到你嘲笑弟弟做得不夠好。」而且不論孩子如何反應，都要正面表達你對他們的信心：「我相信你可以想出其他方法，不讓你弟弟感覺難過。」

當爸媽問孩子為什麼這麼做時，孩子十之八九都會回答「我不知道」，這時爸媽或許可以猜測他內心可能有的意圖，對他說：「有沒有可能是你希望弟弟更快更強？」或是「有沒有可能你就是希望哥哥被罵，希望媽媽只愛你一個？」**不要害怕用猜測的方式，試著去理解孩子為什麼會有這樣的行為。如果我們猜錯了，孩子會去思考自己怎麼了，並嘗試跟我們表達真正的原因；如果我們猜對了，孩子就會感覺被了解，而更願意敞開心房。**因此不管猜對或是猜錯，對於幫助孩子了解自己都有很大的幫助。

當我們理解孩子的動機後，記得陪他找到合適的互動，才能幫助他減少這樣的行為。例如：「如果哥哥是希望弟弟變更強，我們可以多跟弟弟玩，而不是一直罵他。我們要讓他從練習裡變得更強。」

至於受傷的一方，我們可以用角色扮演的方式，教他適時表達自己，或是跟他約定如何向你求援。讓他學會保護自己，未來在進入團體時，才能夠維護自己的權益。

多一點提醒

❶「被欺負」會對一個人的心理產生重大陰影，如果類似的行為不斷地發生，而且沒有大人適時介入，被欺負的孩子會無法信任別人，或是逐漸認同需要以欺負他人的方式才拿到權力，得到心理補償，反而在學校容易對外成為欺負別人的那一位。

❷我們無需二十四小時緊盯著孩子間的互動，在適當介入的時機點，引導他們說出自己的感受，並探索自己行為的來源，這樣的陪伴與引導孩子自我覺察，對孩子而言，是一輩子都受用的學習歷程。

第八幕 異性手足

「咦，我們的身體不一樣耶～」

家中的小哥哥和小妹妹玩的時候，被你發現他們互相撫摸對方的下體，你緊張地大聲喝斥，卻又擔心自己反應過度，會讓孩子對彼此的互動產生陰影。於是你開始在想，要如何引導他們尊重彼此的身體界線，甚至提早煩惱青春期來到時，要如何應對？

爸媽或許這樣想

- 我得想一下，自己以前是怎麼跟異性手足互動的？
- 為什麼他們會亂摸對方？再這樣下去怎麼辦？

- **到底健康教育應該從幾歲開始？**
- **異性手足的相處要注意哪些？**

爸媽可以這樣演

一般孩子在三歲左右都會開始對身體好奇，爸媽可以簡單解釋一下生理功能，甚至是用繪本來輔助孩子們理解。讓孩子明白身體的所有權屬於自己，別人不會、也不該隨便摸我們的身體，就連手足和家人，也必須先徵求自己的同意。如果有人想亂摸自己的身體，要記得告訴爸爸和媽媽，讓爸媽保護自己。

如果孩子們對異性的身體還是感到好奇，可以透過其他的探索方式，來幫助他們更了解，例如借更多繪本故事讓他們看，或者是找洋娃娃讓他們玩。**有些網站，例如親子天下，也有對應年齡推薦性教育相關的繪本**，爸媽們可以多加參考。

一般來說，這個狀況較常出現在學齡前，且年紀相近的孩子身上。這時期的孩子靠經驗學習，觀察到不同的身體構造會想去碰觸一下，這是很自然的現象，爸媽無須將它和「性」聯想在一起，免得自己過於緊張。也千萬不要因為自己嚇一跳，而用強烈的字眼（例如：羞羞臉）來形容孩子犯的「錯」；倒是可以跟伴侶討論看看，如何用簡單的語言來告訴他們，碰觸下體是不適合的。

相反地，如果是學齡孩子出現這樣的行為，爸媽就需要用較嚴肅的態度，讓孩子知道必須尊重別人身體的界線。爸媽同時也要去了解，或許除了「好奇」以外，孩子或許是想用這樣的方式來「得到注意」或是表達自己。我們可以帶著孩子觀察周遭，大人也不會隨便摸別人的身體，因為這是一種社會規範，一種必須遵守的基本的尊重與禮貌。

多一點提醒

❶如果孩子對手足的撫摸沒有停止，可能就要更清楚規範這個行為，讓他知道觸摸的身體界線在哪裡。或許也可以跟學校的輔導老師討論如何協助孩子。如果是異性手足，一般家長在前青春期時（小四、小五的年紀），就會開始有意識地讓異性手足分房睡，甚至在女孩子更小之前，就不讓他們一起洗澡。這些其實都在傳達一個訊息給孩子——異性手足愈長大愈需要有自己的隱私空間，對彼此的身體界線也要愈尊重。

❷某些心理學認為，異性比同性手足更不易相處，是因為異性手足在互動時夾帶了「性」的緊張感，常以衝突、嘲笑或是爭執等方式宣洩。而在我服務的過程裡，比較常遇到的是，異性手足在進入青春期後，開始逐漸疏離而少有交集，某種程度來看，這也是緩解對性的緊張感。當然，在爸媽的引導之下，學會彼此尊重，感情親密且互相扶持的兄妹或是姊弟，也還是不少的。

手足衝突也有的正面意義

前面花了一些篇幅描寫手足間常看得到的日常互動模式，也從中討論可以如何解決孩子間的衝突，但我想回過頭來說，其實孩子間的爭執，就像人生中的任何挑戰，不全然都是負面的，在處理的成長歷程裡，無形中也讓孩子學會不少東西：

＊必經的社會化

在手足衝突的過程裡，孩子在自我意識中覺察對方的感知，可以學習到尊重彼此的不同，並從中找到和平相處的模式。而每一次衝突的和解方式，也會伴隨著年紀成熟度而有所不同，這些累積起來的解決經驗會很可觀，將來都可以應用到其他的人際關係。

人的成長經歷，本來就是一段社會化的過程，每次的手足爭吵都是一種心智的練習。包括自己在複雜強烈的感受下，如何將散亂的想法組織起來，並有邏輯地表達自我或是說服對方，這些都是談判技巧；當然，如何堅持或退讓，以達到雙方可以接受的結果，並找到「雖不滿意，但可接受」的平衡點，常是衝突的最大收穫。

*無可取代的親情

常聽人說「家是講愛的地方，不是講理的地方」，這在手足的衝突中也適用。有時候我的退讓，不是因為自覺理虧，而是因為我在乎你這個手足，我不希望我們的關係因為爭吵而有所改變。為了維持友好，也為了不讓爸媽生我們的氣，在手足衝突的學習裡，孩子將會感受到更深刻的情感，了解家中每個人是如何被連動的相互影響，這其實也是手足衝突的正面收穫。

孩子在衝突後會嘗試和好，他們將明白修復關係的重要性：「原來爭執或是衝突底下，只要我們雙方願意協調或妥協，我們都可以努力為彼此做些事，來修復我們的關係。」「我們的關係不會因為衝突而徹底破壞，經過修復，我們原來還是可以感覺親近。」

我們知道在孩子的一生中，人際關係裡的衝突無可避免時，關係的修復，反而成為更重要的學習。

列舉幾個手足衝突背後的正面意義，是希望爸媽不要害怕面對孩子的爭執。如果我們可以提醒自己，手足爭執有其積極面，能幫助孩子學到一些東西時，我們會更願意引導他們，而不是停留在自己疲累或煩躁的情緒裡。我甚至認為，當孩子們有強烈情緒時，就是爸媽嘗試理解孩子想法與感受的最佳機會！

在第一線服務了這麼多年，我體悟到對爸媽而言，最難過的是當孩子遭遇到很大的困難，卻不願意告訴自己，因為孩子不夠信任，或是他們覺得自己應該要單獨承受。可以想像，如果孩子因此在成長過程中發生了憾事，父母會有多懊悔，多心碎！

因此，我在當媽媽的過程中，**看到自己的孩子深陷情緒暴風圈裡，就算它伴隨著強大的殺傷力，我也會告訴自己，這是難得把握的機會，因為惟有此時的耐心並願意了解，可以讓他感覺到我的愛並不是說說而已，我的陪伴會在他最需要的時刻出現。**我也發現在這個承接孩子情緒的過程中，我清楚地看到自己當媽媽的價值！

給予解決衝突的機會

我們說，足夠好的教養是溫柔又堅定，包含了父性和母性的整合。「堅定父性」是指有一個安全的界線，可以有創意、勇敢地探索不同的解決方式；而「溫柔母性」指的是願意溫柔理解與承接，願意給予一個空間，讓孩子感受到被尊重——爸媽能夠放手讓自己嘗試。如果以日常的生活經驗來解釋父性和母性，那就像是有法治的社會，堅定父性等同於法律，溫柔母性等同於不觸法之下的自由與探索。處理手足的紛爭跟其他帶養原則一樣，如果能夠父性與母性剛柔兼備雙管齊下，孩子們可以減低爭執的頻率，相處得更好。跟傳統教養裡「不同人扮黑白臉」的是，兼顧身心健康的帶養希望每個帶養者在跟孩子們互動時都能擁有溫柔又堅定的特質。

當然，在一開始設立界線，給予空間讓孩子去自行處理，爸媽們可能會花很多力氣在理解、回應與引導上。但當孩子被允許嘗試，並成功找到方法解決紛爭後，便會從中取得模式，套用在以後的相處上。當他們爭執愈來愈少，我們會發現之前付出的時間都是值得的。

說了這麼多，其實我們只需要抓住以下幾個方向，引導孩子不要卡在紛爭中不斷地循環，剩下的，就交給孩子們開始自己練習吧！

＊跟孩子一起觀察衝突的原因

爸媽可以在孩子發生衝突時，稍稍記錄自己聽到的爭執，甚至用手機錄音下來，事後自己再聆聽一遍，歸納出常爭執的原因，這個方法可以幫助雙方了解爭執當下發生什麼事。不過要提醒家長，如果孩子年紀較大，最好事先告知孩子，否則這樣的錄音被孩子發現了，可能會讓孩子們感覺惱火。

在回聽的過程裡，我們會發現，年紀較小的孩子在爭吵時，可能伴隨著情緒、疲倦或肚子餓；大一點的孩子則較可能針對東西的所有權或使用權爭吵。當然，有時候也和物品無關，純粹是宣洩自己的負面情緒，例如在學校受了氣，放學回到家後，就對自己的手足發洩。

「從觀察中嘗試理解孩子」永遠是爸媽親職引導的第一步。對孩子來說，理解自己為了什麼事常跟手足爭執，可以幫助孩子增加覺察自己的能力。在孩子年紀還小，沒有陳述能力時，爸媽可以直接說明我們觀察到的可能原因；不過對於學齡孩子，爸媽便可以用討論的方式，來引導他們理解，例如說：「我仔細聽了幾次你跟哥哥吵架的內容，發現你們好像都是為了……而吵架。你有發現嗎？」然後等待孩子跟我們分享他自己是怎麼認為的。

＊評估介入的最佳時機

心理學家溫尼考特說過「以孩子可以承受的劑量鬆手」，指的就是孩子需要有自己的空間，去摸索或嘗試不同的策略，所以，並不是孩子的每次爭執，爸媽都需要介入。

但如果是這樣，何時會需要我們的引導呢？這其實是從上面「觀察」和「理解孩子」延續下來的問題，也就是說，如果孩子們因為類似情況而反覆衝突，就表示他們還找不到夠好的解決辦法，這就是爸媽介入的時機。

不過前面有幾個例子提到，如果孩子的年紀比較大，例如小學三、四年級了，我們自己覺得之前已經教過他不同方法時，慢慢鬆手讓孩子自己告訴我們有沒有更好的方法，是很重要的。以正面溫暖的態度告訴孩子：「爸媽信任你可以想出不一樣、更好的解決辦法。」然後給孩子一點時間和空間，或許我們更容易看到他自己是有能力解決人際衝突的。

＊設立不傷害彼此的安全界線

在我過去輔導孩子們的經驗裡，有許多爸媽不曾幫助孩子明瞭，什麼樣的行為在成年後會有法律責任，以致於許多青少年不知道自己的行為可能觸法。這些青少年可能在學校就有激烈的肢體衝突、言語不尊重他人，甚至偷竊或是破壞行為，爸媽們可能用體罰或是被自己無奈或無力管教的感覺淹沒，也沒有對外尋求協助，然後在發生事情時，往往愕然地說：「怎麼可能？他一直都很乖！」

對於這一點，我感到十分訝異。我只能想像爸媽口中的乖，和孩子犯下的錯有著極大的差距，或許這樣的差距顯示了親子之間，在很久以前就已在各自世界裡漸行漸遠，所以對彼此生活中所發生的事情都不了解。

我的意思並不是要爸媽去設立什麼嚴厲罰則，而是要在引導的過程裡，幫助孩子理解這些行為不只傷害他人，成年以後如果再犯也會因為違背法律，而傷害到自己。

至於該如何設立界線，又該設立何種界線呢？這其實就像法律一樣，**如果家中有明確的界線與規則，反而提供了心理層面的安全感**。因此，面對孩子們重複的衝突，爸媽訂立幾個清楚家規，是很重要的。

例如不能以肢體方式傷害手足，凡是暴力行為應該立刻被制止，不過也不能只壓抑孩子的怒氣，我們要引導要允許孩子學會用其他社會可接受的方式發洩，例如進房間打自己的枕頭、關在廁所裡痛哭、用拳頭捶床鋪，或是寫一封憤怒的信發洩恨意，然後將這封信交給爸媽。

而如果在手足爭執時，有人蓄意破壞物品，爸媽要讓動手的孩子負起責任，或想辦法修復，或想辦法取代，例如暴怒生氣的孩子把電腦鍵盤摔壞了，爸媽可以要求他詢價，然後自己做存錢計畫買回一個。當然，如果電腦每天都需要用，爸媽或許先代墊買回新鍵盤，再讓孩子按計畫定期支付費用。

「設定界線」可以讓孩子有安全感，不過，記得在每一個「不可以」的後面，引導孩子可以怎麼處理。讓孩子一邊嘗試，一邊跟我們討論，這樣一來，除了情緒崩潰和攻擊以外，孩子便會在嘗試中，找到其他的解決方法。

從爸媽身教中學習

上述的引導可以幫助孩子面對問題，並一眼看清底線在哪裡。不過，處理孩子的紛爭還有一個更棒的方法，那就是讓他們提早學習分享，這，其實是一種「預防衝突」的概念。

爸媽們可以在日常生活中，找機會示範分享，例如：「媽媽覺得這份點心很好吃，所以特地留了一半要跟你們分享。」也在生活中製造話題，讓孩子們討論如何分享；「我今天買了一大張角落生物的可愛貼紙給你們三個人喔，你們覺得怎麼分享比較好？」

當孩子主動分享時，別忘了予以讚賞，並表達自己的感激：「你剛剛把餅乾分給妹妹吃，我覺得她好幸福，有你這個慷慨的哥哥！」「我看到你先分半盒蠟筆給哥哥，之後再交換，這真是很好的策略，讓你們兩個人都用得到蠟筆。」

然而，在鼓勵分享的同時，也請記得對孩子表達尊重，例如：「既然是姊姊先拿到玩具，我們來讓她決定，什麼時候可以跟你分享？」當手足不願意出借時，孩子可能會因為焦急或是失望而有情緒，這時可以帶著孩子詢問手足：「如果現在不方便，什麼時候可以跟你借呢？」讓對方決定出借的時間點，可以提高分享的意願。

在孩子還小的時候，父母就透過身教，讓孩子習慣借東西前，先詢問他人的同意，甚至讓幼兒用玩具練習，學會尊重他人物品的所有權。如此循序漸進，一旦孩子學會「分享」，就會大幅降低衝突。

誠如這本書開宗明義說的，教養是一門沒有標準答案的藝術課，解決手足衝突的要領也只有大方向，而沒有ＳＯＰ，爸媽們不妨在一次次的嘗試和引導中，慢慢理出一套合宜的解決辦法。「決定是否介入」、「穩定自己的情緒」、「摘要問題」、「同理雙方」、「設立界線」、「引導或直接給建議」、「鼓勵討論與分享自己對他們的信心」……這幾個步驟可以因不同問題，而有不同的排列組合。希望各位爸媽和孩子們在嘗試的過程中，可以慢慢摸索出較好的模式，讓家中手足相處的感情更融洽！

06

扶持——多元情境的手足之愛

上一章我們一直強調「銘記在心」以增加孩子的安全感，讓他們願意張開雙臂、敞開心房，在跟手足們日常的細微互動中，發現彼此的善意。然而，這多半是從主流的家庭角度與孩子是發展正常的情況下來談。

現代家庭的形態愈來愈多元，分居、離婚和再婚的比例也愈來愈高，還有多胞胎、特殊兒等情況。可以想像的是多元的家庭情境，往往也可能讓複雜的手足問題更加一言難盡，因此，我希望能把這些也納入討論。在這個章節裡，讓我們從「特殊手足」開始談起。

家有身心特殊的手足

談到「特殊」，大家可能聯想到領有身心障礙手冊的孩子，不過，我想將這個定義再擴大一點；有些較為晚熟，即使沒有進入過早期療育，也沒有被診斷出來的孩子，也可能因為控制不了自己的情緒，為手足相處帶來一些挑戰。

我自己常和特殊兒的家庭一起工作，觀察到這類家庭的父母，常因為現實的不得已，而多必須將照顧重心放在特殊兒身上。通常這樣的生活型態會出現兩個值得關注的面向，一個是健康孩子的心理需求，另一個是父母自己的身心重擔。這兩個面向我覺得有必要仔細加以梳理，我們可以先從了解孩子面對特殊手足的情感需求開始。

每個人生中的挑戰，一定都為我們帶來正向積極面，以及辛苦的經驗。已經有研究顯示，家中有特殊手足的健康孩子，常能發展出更好的同理心、更高的挫折容忍度與更強烈的責任感，不過，他們的心理狀態卻值得成人的注意，特別是當父母的生活都圍繞著特殊手足的療育與安撫，或者周遭親友總是問候特殊手足的狀況是否好些……這一切，都比較容易讓健康手足覺得自己被忽略。

描寫家有自閉症手足的韓國電影「馬拉松小子」，其中有一幕是高中年紀的弟弟，因為細故跟媽媽不愉快，媽媽生氣的說：「有什麼事你就說出來，你跟哥哥不一樣，你可以說出來告訴我。」但媽媽這樣生氣的回應，卻讓弟弟紅著眼眶，對媽媽憤怒地大聲嘶喊著：「我說過幾萬次了，妳眼裡只有哥哥，我跟妳說的話妳從來都聽．不．見。」在電影裡看到的是一個單親媽媽的困難；藉此，我並不希望引起特殊兒家長們的罪惡感，只是想跟爸媽們說，除了特殊孩子外，健康的孩子也渴望被疼愛、被看見，或許偶爾我們應該停下來想想，自己多久沒一對一地專注在他們身上了？

＊被迫快點長大的孤獨感

我們可以想像，孩子找不到東西正想開口問爸媽，一轉頭卻看到大人蹙著眉頭、汗流浹背照顧著特殊手足，這時孩子可能默默回頭，不再開口，因為和特殊手足相比，自己的困難太微不足道。日積月累下來，他學會壓抑自己的需求，久而久之，他變得更加沉默……

由於爸媽需要專注照顧特殊手足，這可能讓他感到孤單，或者覺得自己不重要。有時候，也因為這個特殊手足，他可能在外被取笑，或私下被評頭論足，讓他覺得這世界不了解他，也不接納他。最令人心疼的是，雖然他覺得無助，卻寧願讓自己陷在孤獨的黑暗中，也不願向父母傾訴，因為他知道自己不能再讓爸媽擔心。

在爸媽為特殊手足忙得焦頭爛額時，健康手足常有種被迫快點長大，一起承擔照顧責任的壓力。許多人在成年適婚時，甚至會把這列為擇偶的條件，希望另一半可以接受，或是要求另一半理解自己必須負擔照顧特殊手足的責任。這些孩子的孤獨、沉默和早熟，總令大人們感到心疼。

＊羞憤交加的社交壓力

如上所述，「特殊手足」也包括了情緒障礙的孩子。當特殊手足在特定社交情境下暴怒或是做出一些不合時宜的行為時，他的健康手足容易感到丟臉或生氣，特別是讓學齡的同儕看到時，羞憤交加的情緒常引爆衝突。這時，他可能會以謾罵或是攻擊的方式，將脾氣發在特殊手足身上；有時，他甚至也會對爸媽生氣，責怪他們生了這樣的手足讓自己很丟臉。但在發完脾氣後，他又會覺得自己不應該，開始感覺到有罪惡感。

這個時候爸媽們可以幫助孩子在家預演，如何回應同學針對特殊手足所問的問題，例如，同學可能會沒有禮貌地問：「你們家的人都跟你妹妹一樣笨嗎？」此時，孩子可以回應：「我妹妹頭腦長得比一般人慢，所以學東西沒有我們快，但是請你不要這樣說我的家人。」

爸媽們從觀察與聆聽中知道孩子因為特殊手足面臨的壓力，然後陪著健康的手足做這些「溝通的演練」，這樣可以讓他知道我們關心他所面對的社交壓力，這會讓孩子感覺到爸媽將他銘記於心。

＊累積否定自我的負面感受

另外，有些孩子在這樣的處境下反而特別敏感，他會嚴格要求自己要表現得更好，希望別人不再以特殊手足的情況來嘲笑自己；或者，有時候他們會感受到父母沒有說出口的期待，例如：「你是我們健康的孩子，我們希望你多努力，以後能夠成功。」這些孩子希望自己做得更好，讓別人看到自己很棒，藉此讓爸媽開心，以彌補他們因特殊手足而感覺到的遺憾。

然而，再早熟懂事的孩子，也會有波濤起伏的情緒，一如大人面對特殊兒所經歷的那樣，健康手足可能也有疑惑、怨懟與憤怒：「為什麼是我？」這些外顯情緒裡，內隱一些和爸媽很像的感受：「我很累。」「我有時候不想幫忙。」「我覺得他很煩。」「我想要跟你討愛。」等等。

正因為這些健康孩子的情緒，處於相對壓抑的情況，所以即使看來風平浪靜的日常中，如果可以，爸媽們也要適時傳遞關愛的訊息。

健康的孩子從日常互動的觀察中，知道爸媽們必須以特殊手足的需求為優先考量，不過，如果此時爸媽能用簡單的話語解釋，或許孩子才能明白爸媽的選擇是不得已的。例如：「哥哥的大腦接線跟我們有點不一樣，所以有時候我們也不知道他為什麼會有這樣的反應。」年紀比較大的孩子可能會問些困難的問題：「哥哥有一天會好嗎？」這個時候希望爸媽們不要太緊張，誠實告知：「我們都不知道他會不會好起來，但我們會盡量幫助他。也要謝謝你有時候願意幫忙。」

大人願意回答或是主動討論彼此面對特殊孩子的複雜感受，可以舒緩健康手足在心裡累積的負面感覺，孩子也比較不會陷入「我不重要，爸媽只在乎特殊手足」的感受裡。而當爸媽們做出解釋，孩子有個簡單的了解時，他們也會比較願意配合協助。此時，請爸媽記得表達對孩子的衷心感謝，也幫助他們理解到，原來幫助特殊手足也是得到爸媽注意力的方式之一。

其實只要用一點心思，就能讓健康手足感覺自己被關注，別擔心抽不出空，因為再忙碌的日常，也會有家庭一起共享或活動的時間。比如我們可以邀請健康手足一起做家事，告訴他們不只是因為他們可以幫忙，更因為爸媽想要有些時間跟他們獨處，邊做家事邊聊天說笑，即使只有五分鐘，這些互動累積起來的親密感，都能讓他們明白爸媽還是將他們放在心上。

孩子對爸媽是否關愛自己的感受是很有彈性，只要多一點關懷與參與，那些寂寞或者不被重視的感覺就會下降。當然，對於家有特殊兒的爸媽來說，要特別空出一段時間，一對一地給健康孩子注意力，實在不是件容易的事。如果真有那個寶貴時間，我覺得爸媽更應該偷空做點自己喜歡的事，讓自己在疲累中喘口氣，畢竟大人的情緒平穩，小孩們的情緒就更容易平穩。

家有特殊手足的健康孩子，通常更穩重早熟，但也更為內向壓抑；而父母在照顧特殊兒的同時，還要記得關照健康孩子的心理需求。這種雙重壓力下衍生出的疲累和複雜情緒，並不是一般家長能理解或想像的。

正因為如此，我想提醒這些爸媽們，在勞心勞力的照顧中，別忘了時時為自己加油打氣：「這麼努力都是因為自己對孩子的愛！」在日復一日身心俱疲的壓迫下，爸媽除了相互支援外，請記得想辦法多利用身邊資源，減少體力與心情上的負擔。例如，如果照顧特殊兒的工作無法讓他人代勞，那麼家務是否有可能請別人幫忙？

在經濟能力許可的情況下，爸媽或許可以將部分家務工作委託出去，或是一年幾次看看是否有親人可以幫忙照顧孩子，那些擠出來的瑣碎時間，一些拿來讓自己喘口氣，一些用來陪伴健康孩子，即使只是帶健康手足出門買菜，在途中跟他單獨聊聊天、聽聽他的抱怨，都能讓他擁有美好的回憶，讓他知道爸媽愛自己，而自己也值得爸媽的愛。對他們來說，單獨的陪伴或許比物質上的蛋糕或是玩具來得珍貴。

當然，在所有資源的整合中，夫妻絕對是彼此的最佳戰友、最有默契的團隊。如果平常是媽媽照顧特殊手足，週末期間可以換爸爸陪陪健康孩子，或是替手照顧特殊兒。

雖然全家一起活動的限制較多，家庭休閒時光還是很重要的，例如挑選人少一點的時間出門用餐，這樣爸媽較不用擔心突發狀況或別人的異樣眼光；而如果特殊孩子健康情況允許，在天氣不那麼炎熱時，或許可以到空曠的草地上野餐，有的時候，只是單純地出門透透氣，就能為全家人帶來心情上的轉換。

這種心情上的放鬆，可以為緊繃的生活踩煞車，避免爸媽們在長期照顧特殊兒的身心壓力下，捲入龐大疲累的旋渦裡；當然，如果能跟有類似經驗的家庭當朋友，彼此扶持、相互鼓勵，那就再好不過。

我很鼓勵父母帶孩子參加一些早療機構的社區宣導、親子日或是親子郊遊等等，因為在這樣的活動裡，**健康手足可以認識有類似經驗的其他孩子，讓他們知道原來自己並不孤單**。這樣的互動讓他們一掃「自己為何跟別人不同」的疑慮，並在理解彼此、支持彼此、幫助彼此的情況下，帶來正面的力量。

總之，照顧特殊兒是長久的挑戰，爸媽們要先安定自己的身心，才能包容健康孩子面對特殊手足的種種情緒，讓孩子們都可以感覺到自己對他們的愛。

雙（多）胞胎手足的考驗

隨著不孕治療的普及，雙（多）胞胎的數量比以往多出不少，然而，雙（多）胞胎的新生喜悅，也很快就在日常照顧的疲累中被消磨殆盡。但許多家長也說，雖然一開始較累，但等雙（多）胞胎孩子大一點可以一起玩，到時候反而會比單胞胎父母來得輕鬆。不過，那真的得撐過剛開始那段筋疲力盡的日子啊！

研究顯示，雙（多）胞胎家庭的媽媽，罹患產後憂鬱症的比例比單胞胎家庭來得高，我想這很容易理解，一個新生兒已經夠令人手忙腳亂，如果有兩個以上的新生兒同時報到，那種混亂的情況可想而知。特別是許多父母此時會將自己的需求推到最後，結果造成睡眠不足、營養不夠或過度耗損，而導致身心健康亮起紅燈。

雙（多）胞胎父母的身心負擔加倍，面臨的手足問題也相對複雜，特別是孩子之間存在著微妙互動，既相互合作又充滿競爭，諸多共同點又想保留獨特性，要找到最佳平衡點，真是為人父母最大的考驗。

*無所不在的競爭

雙（多）胞胎和一般手足最大的不同就是「競爭感」。由於發展年齡一樣，心智的成熟度及對大人注意力的需求也都差不多，因此這些孩子較容易感受到彼此的競爭，容易計較自己得到了多少。正因為這種競爭感來自於他們都希望得到爸媽的認可，一旦家長的讚美引來孩子之間的比較，手足之戰勢必難以避免。

有時候在跟其他人互動的過程，爸媽也會不小心透露出自己對不同孩子的主觀感知，例如「這個比較固執，那個比較乖」等等，這可能會讓孩子們產生比較的心態，或者對自己在爸媽心裡的樣貌感到沒有信心。

最近在美國教育界流行的「Mindset」心智理論，提倡以具體的讚美來讓孩子願意接受挑戰，讓自己的大腦著重過程裡的學習而不是以結果來定義成敗，成為成長心智（growth mindset）。這個心智理論主張我們應該把讚美重心放在「具體的努力」，而不是「抽象的特質」，**讓孩子們明白爸媽重視的是他們努力過程，也讓孩子不會把焦點擺在比較自己和對方。**

所以我們不會當著一個孩子的面稱讚另一個說：「你好聰明。」或是「你是我們家最有運動細胞的！」而是會對他說：「我覺得你做得到的原因是因為你每天花一個小時努力練習，練習讓你跑得更快。」如果爸媽們稱讚時都把重點放在映射孩子在過程中的努力，不讓自己的主觀比較影響到孩子們進入白熱化的競爭，對孩子們之間的手足相處是很有幫助的。

＊形塑獨特自我的需要

帶養雙（多）胞胎的一個隱憂，就是他們或許會對彼此太依賴，必須在「一起」的經驗裡，才能找到認同。如果爸媽們發現自己的孩子有這樣的傾向，我們要持續觀察這樣的「一起」是否會讓他們覺得，不需要對外發展其他的人際關係，因而限制了他們向外探索的意願，甚至影響了他們的自我認同。

其實，**雙（多）胞胎跟其他孩子的需求很像，他們都需要在親子，或是手足關係裡感覺到自己的獨特**，希望別人知道他們就算長得很像，但仍是不同的個體，有自己的個性、想法和價值觀。不過，建議爸媽還是可以依孩子不同的氣質，不同的個性，以自己感知到的差異為理解，幫助孩子從日常生活中建立自我的獨特感。例如，就算家人朋友都送一樣的衣服給雙（多）胞胎，爸媽可以允許孩子自己做決定要不要穿一樣的衣服出門。除了外觀的打扮，也要鼓勵雙（多）胞胎追求不同的興趣。對不同事物感興趣，投注精力在不同事物上，一定可以讓孩子們慢慢形塑出自己的獨特性與自我認同。

對於幼小年紀的孩子們，在幫助他們發展個別興趣之前，爸媽們應該允許他們與手足分化，例如，幼兒們都很希望有自主權，建議不妨先讓雙（多）胞胎擁有自己的物品或空間。如果不太可能讓孩子有自己房間，或許可以試試給他們某個小角落，或是某一抽屜是分別專屬於他們個人的，這會讓他們開始有自我與手足的區分。

這種自我的獨特性，不只在具體的外觀打扮或空間，其實也在於和家人的相處上。

曾經有個雙胞胎媽媽跟我分享，她在孩子還小的時候，總是一手抱一個；等孩子較大以後，她讓孩子坐在她的大腿上，一人坐一邊。由於孩子們都會相互推擠，說對方佔的位置比較大，她為了「公平」這件事不勝其擾。後來她跟孩子們溝通，決定讓兩孩子背對背靠著抱枕，坐在她的前面，然後，她會分別轉頭跟兩個孩子講悄悄話。

這種方式終於讓孩子不再計較，他們很開心也很享受媽媽「對自己說悄悄話」的獨特感。

因此，爸媽千萬不要陷入「公平」的迷思，前面章節我們也談到，公不公平常常是孩子的「主觀」感覺，更何況公平在「客觀」上是很難完全做到。因此，與其嚴苛要求自己做到公平，還不如**嘗試以個別的互動，跟孩子建立獨特的連結方式**，或許這會是雙（多）胞胎教養策略最有效的祕笈。

雙（多）胞胎容易彼此依靠，也容易帶來相互比較，但他們也有較多的連結和互動，不管是談判的社交技巧，或是同理心的建立，都比其他單胞胎家庭有更多的練習機會。

最後要提的是，請爸媽不要忘了留點時間給其他手足，尤其是在雙（多）胞胎來到前，已經有哥哥姊姊的家庭，爸媽們要特別觀察孩子的適應情況。假設大寶是獨生子女，爸媽應留意他是否對於雙（多）胞胎把爸媽的注意力瓜分掉，而有較大的排斥或不適應。前面章節關於如何讓大寶感知到弟妹來臨後，爸媽還是一樣關愛自己的方法，在這裡也一樣適用。

接下來，希望談談當家庭有些重大變化時，不管是爸媽爭吵離異或是手足生病等等，在這些家庭挑戰之下，爸媽們在手足教養上到底可以關注些什麼？

在離婚風暴裡的孩子

孩子們是敏感的，通常在父母走到離婚的決裂之前，他們早就對於隨時會破碎的家庭感到焦慮，即使爸媽們為了避免讓孩子們擔心，只在孩子睡著後才爭吵，等他們一覺醒來，還是很容易感覺到家庭氣氛的不對勁。

他們對於離婚這件事感到恐懼，也無法想像將來的生活會變成什麼樣子。曾有孩子難過地跟我哭訴，他不明白為什麼他只能選一個，他很想要有爸爸，也很想要有媽媽，正在經歷父母離婚的他，感到非常恐懼與強烈的不安，而這樣的心情甚至讓他半夜起床看看五歲的妹妹是否還有在呼吸，會不會突然死掉。從這樣的行為我們可以看到孩子對失去爸媽的恐懼如何投射在自己和手足的互動裡。

孩子們這種說不出的恐懼與焦慮，希望爸媽仍然在一起的幻想，有時還會以問題行為呈現。其實，這或許是孩子們潛意識裡，想解救父母關係的行為——「當爸媽們聯合起來教訓我時，我終於不用擔心他們會分開，他們也終於可以合起來變成一對爸媽。」

有些研究指出，手足在爸媽離婚的兩年內會出現較多的攻擊行為。研究者認為，這樣的情況跟他們長期處於緊張的高壓環境有關，尤其是那些如果目睹爸媽在離婚談判中，有過言語羞辱或肢體衝突的孩子們，會需要在新的轉變裡，慢慢消化自己在過程中經歷到的複雜感受。

簡單來說，**那些看似是攻擊行為，其實是一種自我防衛的機制，是他們消化情緒的一部分。**

所以，請家長試著理解孩子們在這段期間的複雜感受，不論搬家、轉學、單親、跟手足分開……，環境大轉變中的每件事，對孩子們來說都不容易適應，有些甚至可說是他們出生以來，人生所面臨的最大挑戰。因此，在過程中孩子突然情緒潰堤，也不是不可能發生。這時候，孩子們更需要爸媽的包容與了解，陪伴他們將感覺說出來。

對於孩子的感受及擔心，我們可以找個時間單獨和孩子們聊聊：「爸媽對想要的生活方式不一樣，我們覺得很難再繼續一起生活，但是不管我們是否繼續當夫妻，我們永遠都是你們的爸爸和媽媽，這件事不會改變。」「雖然我們還不知道未來要怎麼決定，但是我會盡量讓你們感覺到安全，就算是分開，我們還是會分別讓你們感覺到我們愛你們。」

說完之後，也讓他們把擔心說出來，他們可能會問：「那以後我們還能住在一起嗎？」「我不想跟姊姊分開。」這類你無從回答的問題，這個時候你可以很誠實地跟他們說：「我還不確定，但一旦我有答案，就會告訴你們。」用堅強而穩定的口吻，讓孩子感受到你的愛，為孩子在這段風雨飄搖的路上，提供相對安全的避風港。

當然，如果爸媽不知如何開口，或是自己的情緒都焦頭爛額，擔心自己無法冷靜地跟孩子談時，可以想想是否有親戚或好友是孩子可以信任的，或許可以拜託他們跟孩子們聊一聊。也或許可以尋求社工師或是心理師的專業協助，諮詢一下如何告知與安撫，以增加孩子對未來的安全感。

有時候，面對可以建立信任關係的心理師或是社工師，孩子們比較容易說出自己的感覺，因為他們知道跟專業老師們分享，不會像跟爸媽直接分享一樣，讓爸媽感覺擔憂或是不舒服。這種家庭服務，在國外十分常見，通常經由專業人員的協助，可以一步步引領家庭成員，釐清糾結的情緒。

＊不得不的「選邊站」

在父母鬧離婚的這段暴風期，常常淬鍊出手足間親密相依的情感。在那個感覺即將翻覆的世界裡，孩子知道還有對方可以互相依靠，因為這世界上能了解自己的，就是也正在經歷這個痛苦的手足，在這個幽谷裡，他們相互扶持，彼此照應，中間也產生更深的連結。許多手足在成年後回顧這段日子，都會認為這種「同在一條船」的磨難，讓他們的手足關係更加親近。

有研究指出，較大兄姐對弟妹的影響很大，特別是弟妹還在學齡階段時。研究裡也看到，通常在爸媽吵得不可開交時，手足間年紀較大的孩子，常會挺身而出擔負起照顧弟弟妹妹，也許他會想辦法弄晚餐，甚至是指導做功課。

當然爸媽離婚對手足的衝擊，也要看孩子們的發展階段。研究發現，父母離異發生在孩子年紀小的時候，手足相處所遇到的困難會較少；但是青春期遇到的家庭瓦解或重組，則有可能衝擊到孩子們的自我認同，甚至因為不得不「選邊站」，而造成較多的手足衝突。

特別是父母爭執時，可能脫口說出「我要帶哪個孩子離開，我不要哪個孩子」等等，這時孩子們便會感覺爸媽有偏好。等法院依離婚協議判決，由爸媽分別負責某一個孩子，這時可能讓孩子對其手足懷有嫉妒、擔心或難過的感覺。這些複雜的感覺，有時會讓孩子們在重聚時，表現出對手足的負面情緒。

手心手背都是肉，此時，建議爸媽們找個時間跟孩子單獨談談，說說離婚後的安排對他的挑戰是什麼；要一陣子才能看到手足對他有什麼影響，讓他消化一下自己的情緒。當然，在這個過程中最重要的是，找到一個幫助手足們維繫情感連結的方式。

如果孩子們會分開，記得談好讓他們重聚的方式，用電話視訊或是寄 email，讓孩子們保持聯絡，鼓勵他們表達對手足的思念，當然定期重聚對手足情感也很有幫助。不過重聚時，孩子們有時會比較彼此的生活，而出現嫉妒的情緒；或者在重聚結束後，情緒因為得再度分離，而被攪動起來……，這些都是無法避免的情況。

當孩子逐漸習慣，也增加了安全感之後，可以幫手足找到一個平衡的相處模式，例如一起建立新的家庭活動，或是帶著某個孩子去支持手足的活動。這過程中找到孩子們一起感到開心的時刻，就是幫助他們找到一個新的平衡。

「離婚」是夫妻雙方無法繼續共同生活，但親子關係還會持續前進。孩子們可能會焦慮、悲傷、憤怒和感覺不安全，這些都無可避免，爸媽們雖然無法再一起付出，但是即使在個別的努力中，希望假以時日，孩子們仍然可以明白，爸媽們對他們的愛。

不過，必須提及的是離婚的樣貌有許多種，有時候會遇到爸媽其中一方沒有信守承諾參與帶養，這時剩下的一方也不必感覺憤怒，因為要控制或是要改變對方太困難了。**我們該做的是將時間精力放在經營自己和孩子間的親子關係，永遠好好把握自己所能把握的**，讓孩子至少在和我們的互動中明白，我們愛他，而他也值得被愛。

沒有人願意自己的人生走上離婚這一步，但當我們必須走在這條路上時，思考我們如何在這混亂情境裡，能為自己做些什麼，並在自己能力所及的範圍裡，先讓自己過得平穩一點。因為唯有當我們自己平穩了，才能幫助孩子感覺更平穩。相信當我們給自己足夠的時間，將危機轉化為自己成長的契機，慢慢地，我們會找到新的步調成為夠好的爸爸媽媽，跟孩子一起度過這段風暴。

在這個家庭風暴中，請爸媽不要去影響孩子對另一方的感知，雖然這對在情緒傷口上的爸媽來說，是有點困難。

常常，我們會將對另一半的抱怨與批評，一股腦地傾倒出來。扮演情緒接收者的孩子，為了不讓這一方生氣，就得麻痺自己對另一方的情感，他得學會掩飾自己，甚至表現出討厭、或不在乎另一方，好讓這一方的父母覺得安心。

身為「當事人」，爸媽在離婚這個創傷裡，有時不太能接受孩子的感覺跟自己不一樣，例如做太太的覺得先生沒有責任感，但孩子覺得爸爸很逗趣，很會陪他玩。尤其當雙方說「我才能照顧你」「你跟著他會吃苦」等等，用行為或言語拉扯孩子的時候，孩子會感受到被迫要做出選擇，而無法有他自己的感知。

所以在這個痛苦的過程裡，**請爸媽盡量能夠允許孩子和自己感覺不同，這正是「尊重」的最好身教**。

打從婚姻開始搖擺時，爸媽們容易處於情緒不穩定的狀態，要記得提醒自己，這事不是「on」「off」一秒鐘內可以解決的，在這段漫長時間裡，要想辦法沉澱自己的紛亂情緒，想辦法幫助自己：找朋友聊聊、尋求宗教引導、看書聽演講，做任何自己喜歡的事，讓腦袋和心情喘口氣。畢竟以長遠的時間線來看，離婚不應該等於世界末日，來日方長，哪天因緣際會，或許還能重組一個美滿幸福的家庭。

＊繼親手足新關係

當有機會再婚，孩子便有了新的人際關係，這時除了繼父母之外，如果自己的爸媽和繼父母生了新寶寶，或者再婚對象也有原本的孩子，如何讓繼親手足相處融洽，會是一個重大挑戰。

請父母務必要有耐心，給孩子足夠的時間來適應。感情培養不是一朝一夕，不管是新女友，新爸媽，或是他們帶來的子女，請給對方一點時間逐漸熟悉彼此。尤其九到十五歲的孩子，因為已經進入青春期，身心變化帶給自己許多情緒挑戰，自己也正處於自我認同的困惑裡，有時候加上爸媽的再婚，通常較容易有起伏的情緒。

我曾輔導過兩個國中孩子，他們對於爸爸交新女友感到憤怒，甚至結盟起來對抗爸爸，指責爸爸不再愛他們，使得這個爸爸感覺很受傷，前來向我求助。

其實，我們可以想像孩子抗拒的心情，有時候繼親子女也可能會說出一些令爸媽們感到不舒服的話，例如在吃飯時，可能對繼母說：「我媽以前都是如何如何煮雞湯的。」這個時候，我們可以把握機會跟所有的孩子說：「真的？原來雞湯也可以那樣煮，下次我可以邀你來幫我的忙嗎？我們來試試看可否改良一下？」這樣，**繼父或是繼**

母們就傳達了一個「共融」的價值觀——「雖然我們原本來自不同家庭，但我們可以互相包容，並創造出屬於我們自己的新家。」

如果爸媽們在自己的婚姻裡有足夠安全感，就能夠主動傳達「共融」與「尊重」的價值觀，在日常互動中鼓勵孩子敞開心胸，跟繼親手足建立良性互動，成年後孩子會看到擁有原生手足和繼親手足組成的龐大支持網絡，或許對自己可以有很大的幫助。

當手足失去健康或生命

除了分居和離婚外，生活中還有一些情境，讓手足不得不分離，像是手足生病住院，或者離開人世等等。當然，這些情況都是我們不願經歷的，不過我會想在這裡把它提出來，是因為國內極度缺乏這方面的資訊，希望可以從這樣的討論開始拋磚引玉，幫助到少數需要的爸媽們。

這段失落也許無法彌補，但卻可以好好預備或是處理，在這個相對嚴肅的課題裡，我想先從「手足生病」對健康孩子的影響談起。

＊家有生病手足

這裡要談的「生病」不是一般的傷風感冒，而是要住院接受治療的情況。不論病童只是階段性，或者是長期住院治療，他的健康手足常會籠罩在擔心裡，害怕自己也會生病。尤其四、五歲或是低年級的孩子，很容易以他們的認知，來解釋手足遇到的狀況──「他是因為做錯事嗎？」「去住院是一種處罰嗎？」如果孩子提出類似的問題，請簡單解釋發生了什麼事，並告訴孩子──手足生病不代表他也會生病，甚至帶著他勤洗手，吃營養的東西，多運動，讓他知道這樣做可以避免生病，讓他有一定的安全感。

等孩子年紀大一點，能夠清楚知道為什麼會生病後，便逐漸將「對自己的擔心」轉為「對手足的擔心」，他會掛念手足的復原情況，也會因為想念對方而出現情緒。此時可以鼓勵孩子定期去探訪，或者寫信、畫畫給住院的手足；但如果孩子有強烈反應，出現憂鬱或常常哭泣的情況，請爸媽試著讓專業的心理師或是社工師，來協助孩子消化自己的情緒。

可以想像，過去朝夕相處、玩在一塊兒的手足，突然被「隔離」在另一個空間，這會讓健康孩子感覺沒有安全感，甚至感到莫名的恐懼。曾有一個小男生跟我分享，有時候爸爸要上班，媽媽要到醫院照顧姊姊，所以他必須自己回家。雖然剛滿十二歲，到了可以一個人在家的法定年齡，但他總是不自覺地想像，如果發生火災或地震，有誰能來救他？

當生病兒狀況不穩定時，爸媽可能隨時得跑急診，或是參與緊急的醫療處理，這時，健康的那個孩子會感到自己孤立無援，害怕自己遇到困難也不會有人注意，或前來幫他。所以我建議處於這種情況的家庭，**為健康手足建立起一個安全護網，邀請其他成人協助**，即使無法長期過來陪伴，至少讓孩子在需要的時候，可以第一時間找到隔壁鄰居，或是其他親戚朋友。小學高年級以下的孩子，建議爸媽甚至可以跟孩子們跑一遍危機處理的流程。

在手足住院的過程中，有些孩子會表達出害怕——怕失去手足；有些孩子會感到懷疑——疑惑手足為什麼會生病，不能回家；有些孩子覺得生氣——氣爸媽不再像以前花時間陪自己等等。但不管孩子的情緒是什麼，他要的其實很簡單，不外乎是「愛」與「安全感」。

在孩子生重病的情況下，可想而知爸媽們是如何勞苦奔波、心力交瘁。面對自己的焦躁，還要強打精神，去同理健康孩子的感覺，分享他們的心情，陪他們說話，想來就十分困難，也因此，爸媽們建立起自己的支持系統，是件刻不容緩的事情。

當生病的孩子痊癒即將返家，我們可以跟健康手足討論如何設計小小的慶祝；也可以和準備出院返家的孩子想像，他們回家之後最想和其他孩子們玩的遊戲。這一切都是為了幫助孩子們再度連結對彼此的感情。

＊手足生命的離去

在傳統的東方社會，我們很忌諱去談論死亡，總覺得即使發生，也不要去多想，時間久了自然就過了。殊不知，一味逃避而沒去面對和處理，到後來會成為心中永遠的陰影。

在美國，每年有五～八％的孩子經歷手足死亡；而在台灣，雖然目前尚未有相關研究，不過兒福聯盟在二〇一六年發表的文章提到，每年有約一五％的孩子經歷親人的死亡，卻有高達六〇％的孩子覺得自己無法跟別人談論這個失落。

將這種失落的心情寄予文字，也成了現代文學常見的抒發方式。

作家王定國在《探路》這本書中，有篇散文分享了姊姊的死亡。他的姊姊生前很會寫作，常常獲獎。從他的分享中，我們彷彿看到家中每個人在哀悼的過程中，如何以不同方式經驗到姊姊死去所帶來的痛苦：爸媽們因為過於哀痛而麻木地過著每天的日子，只能像蚌殼般緩慢地消化這個龐大的悲傷；而十歲的他從抄襲姊姊生前的作文中獲獎，在老師與同學表揚的掌聲中，感覺到他居然可以透過這個方式讓姊姊復活！這讓籠罩在爸媽悲傷中變得沉默寡言的他，開始用寫作讓姊姊在自己的心裡復活。「寫作」成為他哀悼姊姊的重要方式，彷彿是透過寫作他讓他和離去的姊姊維持著某種連結，就好像是帶著一部分的姊姊在人生路上繼續走下去似的。在十歲的年紀必須跟姊姊死別，深深地影響了他的人生。

沒有人能告訴我們，面對自己親人生命的離去，要流多少眼淚，才會真正流乾；要傷心多久，才能重拾笑顏。**終結悲傷的方法，是好好面對和哀悼，在溫暖的回憶中找到繼續愛的能力**。有時候，那樣繼續愛的能力來自我們找到一種方式跟過世的親人維持某個程度的連結。或者是將這樣的傷痛昇華，為這樣撕裂般地傷痛找到不一樣的意義。例如美國名校史丹佛大學的創立，其實是因為當時鐵路大亨利蘭·史丹佛的獨生兒子在十六歲時突然染疾身亡，於是爸媽在悲痛之餘，決定辦一所大學完成兒子進大學的心願，讓這個喪子之痛昇華為照顧年輕學子的大愛。在我的服務中，也看過孩子因為經歷了跟手足的死別而決定在未來投身醫護行列，希望能夠幫助跟自己手足罹患相同疾病的其他人。

•站在孩子的高度

失去家人的痛苦，往往令人難以承受。而孩子和大人一樣，除了震驚、焦慮、傷心和憂鬱之外，常常還伴隨著對手足的愧疚或生氣的感覺。

如果手足是生重病，在努力之後仍不敵病魔死亡，孩子們通常會從一開始的嫉妒（自己在爸媽眼中不見了，一切都以手足的治療為主），到後來的難過與焦慮（焦慮死亡會不會發生在自己或其他重要親人身上）；而如果手足是意外死亡，孩子們則會感到震驚而憂鬱，有時候甚至會出現一些身心症狀，特別需要成人們留意。

至於較大的孩子會體認到手足本來就應該互相支持，但是在手足生病期間，自己卻無法幫上忙，現在手足死亡了，自己會感到深深的愧疚；有些孩子在哀傷中夾雜著生氣的情緒，他可能會對手足沒有跟他一起長大而先離開感到生氣。

有些孩子會因為太害怕失去甚至不想再有任何聯結。我曾輔導過一個青春期孩子，因為自己妹妹得了骨癌死亡，跟我說她以後絕對不生小孩。因為目睹癌症對妹妹的摧殘，讓她也擔心如果以後生了小孩，會不會小孩也得癌症，又讓她經歷一次死別。

當面臨這種痛苦和恐懼，孩子會需要一個信任的成人陪伴，說說自己對手足離開的所有感受。如果對爸媽們來說，要跟孩子談這個失落太過困難，因為爸媽自己也經歷著這椎心之痛。這個傾吐的對象可以是孩子可以信任的老師、叔叔、阿姨、諮商師，或是社工等等，讓孩子在被聆聽、被同理中，開始屬於他自己的哀悼歷程。當然，如果在過程中，爸媽覺得喪子之痛太深沉，或許也可以找諮商師來為整個家庭做悲傷治療，在一個安全信任的環境，彼此聽聽對方是如何消化這個失落，彼此要如何記得這個孩子，然後繼續在生活中前進。

在這段期間，我們要貼近孩子去體會他的情緒，但同理孩子的感受，要站在「孩子的高度」，而不是以「大人的視角」。

比如親戚朋友們常會說，「你要乖一點，你爸媽因為你的手足生病已經很累了」，或是「你的手足走了，現在只剩下你，你得當個好孩子，不要再讓你爸媽難過了」。通常這些「鼓勵」無法進入孩子的心裡，反而讓孩子感覺不能軟弱，自己必須從此肩負安慰爸媽的龐大壓力。

我想，**比較好的安慰方式是對孩子說：「你一定很難過，如果想聊聊，阿姨願意聽你說。」**以這類開放式的問候開場，讓孩子感覺被尊重，也讓他明白自己願意聽聽他心底的聲音，這反而對孩子是比較有幫助的。不管孩子有沒有準備好要說，至少他明白身邊有個大人願意聆聽。

在這段期間，孩子跟大人都需要有出口。然而「哀悼」，有時很難跟家人朋友一起經歷。一方面這段歷程是條漫漫長路，另一方面，家人的哀悼歷程或感受可能都不一樣，彼此都深陷痛苦的泥淖，希望家人一起走出來反而很困難；至於朋友們在家庭、事業和健康上，也都各自面臨自己的功課和生命挑戰，感覺無法太常打擾。因此，如果能讓專業進來幫助我們，理解自己在這個歷程裡的所有感知，讓我們了解到有很多方式可以面對，是很有價值的！

專業的精神科醫師會評估我們的身心狀態，提供藥物或是心理治療的協助，讓我們情緒可以比較平穩；接受諮商服務的好處是，我們無須顧忌諮商師如何看待或是評價我們，在一個信任的工作關係裡，諮商師會努力承接我們的情緒，跟我們一起觀看我們的想法與行為，去理解我們正在經歷的痛苦。

● 給孩子機會療癒

當爸媽覺得自己做得到時，可以在一些特別節日，邀請孩子一起回憶逝去的手足。例如在生日或忌日時，看看以前的照片，跟孩子一起聊聊過去的故事，在回憶中一起笑一起哭，或是請孩子寫信給手足，找一天帶到手足的塔位讀給他聽；或是一起做一本相簿，在自己的日記裡寫下對他的思念。

給孩子機會表達自己的感受，是一個療癒的過程，也是很好的哀悼方式。不論大人或孩子，都需要找到方式去記憶、去懷念這個失去的家人。

然而，每個人哀悼與面對失落的反應都不一樣，所以一定會有經驗的差異。不論用什麼方法去療癒，希望爸媽們在這段自我沉澱的過程裡，慢慢地去接納自己的感受與想法。

「我不知道要如何繼續活下去，或是我不知道怎麼當爸媽」、「我的世界從此不一樣，我開始擔心恐懼」，或者「如果我在某一點做了什麼，會不會他就不會走？」在重大的哀悼裡，有這些來來回回的念頭，都是再正常不過的，請爸媽們盡量允許並接納自己的感覺。有時候，我們會需要很長的時間來消化這些感覺。心理學家 J. William Worden 曾提到，失去孩子的家長會經歷兩個層面的失落，一個是失去這個孩子，另一個是失去自我感、失去當爸媽的認同。所以希望爸媽們去接納這些混亂感覺都會存在，給予足夠的時間，願意去面對，一定能夠緩慢地往前走。

不必急於擦去眼淚，也無須勉強自己微笑，按自己的時間表一步步慢慢來。不論是破碎無力、麻木或罪惡感，我們都給自己時間，相信自己可以從這些狀況裡改變。當我們願意去面對，去接觸相關議題的討論（包括尋求宗教的慰藉，或是接受專業的諮商團體服務），我們已經在用相對積極的態度，來面對自己的哀悼。「能夠改變」、「能夠有選擇」是邁向心理健康的重要關鍵，雖然很痛苦，但在每天的心痛裡，我們先聚焦在「今天的掙扎與努力」裡，過了一段時間回頭望，就會發現自己慢慢地持續前進中，看到自己的轉變。

我自己曾經在大學時代跟重要的人死別，這個創傷讓我接受幫助，也從被幫助的經驗裡決定走入現在的助人專業。我自己對死別的體會是，「痛苦不會淡去，只是在時間的流逝裡，想起來的頻率會比較少罷了。」雖然椎心之痛不會減少，但是經歷過死亡的家庭，感情通常會更緊密，更加彼此珍惜。通常，經驗手足死亡的孩子，情感受挫力的忍受度會比一般孩子高，同理別人的能力也會比較強。在傷痛裡日子一直在往前走，家人們如何在心裡帶著逝去的孩子，好好迎向未來的每一天，相信也會是逝去孩子的心願。

寫完這章「特殊情況下的手足相處」，令人百感交集，五味雜陳。然而，我的初心只是希望處於這些情境下的家長，能在辛苦的挑戰中從理解自己理解孩子出發，穩住心裡的安定，在每天生活的互動細節中，了解自己仍然可以擁有些溫暖的時刻，感覺到自己和孩子在這些挑戰，仍然感覺相愛，慢慢累積正能量。畢竟生命長河綿延不歇，但願有緣成為家人的我們，能在黑暗的低潮中相互扶持，承接彼此的情緒，繼續珍惜這個緣分往前邁進。

part. 3

手足，是一生中最長遠的關係

07　**反思**　爸媽自己的手足經驗
08　**關愛**　家人之間的情緒溫度

07

反思——爸媽自己的手足經驗

前面章節中，我們談到了許多手足之間的議題，而爸媽如何引導孩子們的這些狀況，也常常影響日後的手足及親子關係。其實，爸媽引導的方式，也就是所謂教養的核心價值，往往跟其自我的成長經驗息息相關；遇到棘手的手足議題時，自己和伴侶有時知道，但卻做不出來，或是有時候兩個人教養的想法很難口徑一致。

在我多年的輔導服務裡，就看到很多理智上知道該怎麼做，感情上卻又卡住的爸爸媽媽。因此，我想花這個篇幅從心理角度出發，幫助爸媽理解為什麼親職教育總是如此「知易行難」。

關於原生家庭的心理書籍，近幾年如雨後春筍般地冒出，造就出如「情緒勒索」這類用語的多方討論，也讓現代的爸媽們，慢慢的也都知道個性與人格的養成，和原生家庭脫不了關係。不過，坊間的心理書對於爸媽自身的手足經驗，是如何影響自己在手足議題的教養，顯然著墨仍較少。

沒有和解的過去，影響著現在

事實上，當我們在緊密的家人互動中，想試著處理孩子的手足紛爭時，有時會不自覺將過去的情境投射到現在：包括過去自己爸媽處理自己手足爭吵的模式；或是因為自己跟手足互動的經驗，讓自己可能偏向只看到兩個孩子中某一方的需要，造成對孩子們感覺到隱微的差別待遇等等，這些都在無形的潛意識中，左右著我們對下一代的教養。

在這裡，我想跟大家分享一個很著名的案例，這個案例的發表者是美國嬰幼兒心理健康服務的創始人弗萊寶（Fraiberg）。

「比利」出生於一個社經地位相對弱勢的家庭，本來就被評估為高風險的家庭，在比利七個月大的時候，他的父母因為有兒童忽略的紀錄，政府以嬰幼兒心理健康的服務介入輔導。在治療師拜訪該家庭，觀察親子互動之前，媽媽對外宣稱，比利是個極貪婪的寶寶，如果放給他吃，他會把整個房子吃垮。不過，治療師進入家裡觀察後非常訝異，看到媽媽對比利的敵意，例如餵食時，她故意把奶瓶朝下，讓寶寶看得到牛奶卻喝不到，或是將奶瓶放在較遠的地方，讓寶寶掙扎地移動身體過去拿。已經餓壞了的寶寶，好不容易爬過去喝到奶，當然一下子就把奶喝光光，這時，媽媽就轉頭對治療師說：「你看，這孩子多貪心！」

任何人大概只要想像那個情境，都會為寶寶感到不忍，也會對這個媽媽生氣。比利的媽媽告訴治療師，她特別不能忍受寶寶的哭聲，只要他一哭，她就會莫名感到憤怒。

在經過一連串的會談後，這位媽媽終於覺察到自我狀態，開始把她的成長經驗和現在的行為連結起來——原來，在她五歲時妹妹出生了，妹妹的嬰兒哭聲搶走了父母。當了五年的獨生女，她獨佔了父母完全的愛，這樣的獨佔一夕被掠奪殆盡。她嫉妒且討厭妹妹，更試圖用偏差行為來吸引父母的注意，卻常常因此挨罵受罰，她感受不到家的溫暖，青春期就開始蹺家交男朋友。

在她的潛意識裡，將「妹妹出生導致自己失去爸媽」歸納成「妹妹是自己變成壞孩子的原因」。正因為她對嬰兒時期的妹妹產生強烈恨意，於是當比利的哭聲傳進她的耳膜，過去的情緒記憶因著當下情境被翻攪出來與現在的挫折感受重疊，掀起一場驚濤駭浪，直接影響她看待孩子。因為這樣，她無法以一個媽媽的角色抱起自己的寶寶細心安撫，反而以嘲笑的方式，對孩子宣洩自己過去加上現在的挫折與憤怒。

簡單來說，那段從來沒有和解的過去，深刻影響到她對比利的教養。從這個經典個案我們看到了，不只是原生家庭的父母，還包括手足關係，都會影響到未來的親子關係與爸媽們的教養方式。

這也是為什麼有的時候，許多親職教育的原理我們都懂，但真正做起來卻十分困難。**因為當我們面對著孩子的行為時，受的不只是當下的情緒波動的影響，還包括過去的成長經驗與潛意識裡的受傷感受，這一切複雜情緒的來源，都可能被投射在我們跟孩子的互動裡。**

更不用說有的時候，對爸媽而言，自己情緒的挑戰不見得來自潛意識的投射，或是眼前孩子們之間的爭吵。有時候情緒的挑戰可能來自孩子面對爸媽攻擊的強烈情緒；或是夫妻之間因為教養不一致而引發的強烈感受。這些變項對於家庭內流動的感情都會有很大的影響。

所以，身為爸媽，我們到底可以如何幫助自己更了解自己的情緒，而不再被情緒牽著鼻子走？我們如何不再重蹈自己長輩的覆轍，不做出讓自己日後會後悔的事呢？

統整自己的過去與現在

關注自己的第一步是「不要害怕面對自己」；每個人都有優缺點，拿我自己為例，就算我學的是發展心理學，在學校或是社福機構服務孩子和爸媽們，是個所謂的「親職專家」。但是，坦白說，在教養的路上面對自己的孩子，偶爾我也會感覺到挑戰。在覺得困難時，我發現對自己很大的幫助是反思過程中自己當爸媽的想法，理解自己在親子困難互動的感覺。我學習到從嘗試理解的過程中，自己才能看到調整的必要性。

從古至今，曾子的「三省吾身」與蘇格拉底最大的智慧——「知道自己的無知」，說的都是在生活裡提升自己反思的能力，讓自己朝向成長與成熟的道路。因此，在當爸媽的路上，如果我們也能偶爾進入反思自我，或許可以幫助我們把自己能調整的部分看得更清楚。

我常常在個案服務與督導專業人員的過程裡，看到許多爸媽成長的脈絡如何影響他們走在當爸媽的道路上，因此想以幾個常見的方向為例，一起嘗試整合自己的過去，來面對現在自己的教養模式：

＊在放養下成長的爸媽

每一個爸媽們都曾經是孩子，當成長過程沒有太多成人的引導，或是沒有被同理過，在自己的人際互動裡，我們會變得很難想像如何處理。被上一輩放養長大的孩子沒有被爸媽引導的基模，當他們成為爸媽時，對於引導自己的孩子，如何設立界線，如何想出方式循序漸進地嘗試，甚至如何理解孩子其實是獨立個體，就會變成很大的挑戰。

我曾接觸到成長過程被放養的爸媽們，有的告訴自己民主放養讓孩子自然發展最好，卻妥協到變成完全沒有界線，讓孩子以發脾氣的方式來控制爸媽；有的因為想像不出中間的引導，而在「過於嚴厲」與「太過冷淡」之間擺盪。

有時在討論中，爸媽們很會講親職專家的語彙，像尊重、陪伴、傾聽等等，但是真正該怎麼做，陪伴的細節可以有什麼不同的變化，甚至怎麼思考孩子的狀態，爸媽們並不知道。

從教養中和過去和解

或許因為被放養，自己的成長經驗沒有太多長輩引導的做法當作參考值，不過在放養的過程，自己擁有充分的自由來發展自我，所以被放養不見得完全不好。只是在教養的角色裡，引導是很重要一部分。建議這類爸媽從每天親子互動裡，找出自己最關心的議題，花點時間在親職過程中整理：

1. 從觀察當中指認出的問題點。
2. 希望引導孩子學會的目標。
3. 自己可以想到的引導方式。
4. 如果感覺卡住記得尋求資源（看書，聽演講或是專業諮詢）。
5. 引導執行後的評估。

或許成長過程自己沒有太多長輩帶領的細節，但是這不表示自己不能為自己建立起教養的細節。在自我整理的過程裡，相信可以幫助爸媽們開始累積方法，更踏實的在爸媽的角色裡幫助孩子。

*在控制下成長的爸媽

不管是在成長過程經驗了許多情緒勒索或是被強迫，當我們已經是成熟的成人時，我們願意試著理解長輩的控制，其實源自他們自己對生存的焦慮——就是因為環境或是生存充滿不確定或是不安全的感覺，於是他們需要更強的掌控感。

不過，控制經常是個拉與逃的拉鋸。控制的那一方想緊緊把對方拉著，另一方為了保存自我，慢慢地學習掩蓋真實自我地順應，或是以強烈反抗的方式逃離。

因此，被控制長大的爸媽們，在重要關係裡常常呈現兩個狀態，或是在這兩個狀態間擺盪：不是壓抑自我，順應控制以致於形成消極被動，不然就是為了自我生存，尋求自主不斷抗爭，不願被控制而衝突不斷。因此在親子的互動中，爸媽們如何反思自己，不沿用原生家庭學習到的控制行為，而陷入消極，衝突或是疏離逃走的狀態，靠的是爸媽對自己情緒或是心理狀態的覺察能力。

從教養中和過去和解

當我們從跟孩子的互動裡，回想到自己的成長經驗，發現長輩給自己許多的控制時，也覺察到因為這些經驗，讓自己親子溝通卡住時，或許可以從跟自我的對話，或是寫日記的方式來看清楚自己目前感覺糾結的是什麼。自己或許擔憂重蹈覆轍的是什麼互動方式。改變之前必須先經歷覺察，我們才知道自己希望自己如何調整。

另外，還有幫助的是回想自己是否曾經信任一個長輩或是師長，回想在那樣的經驗裡，這個師長或是長輩做了什麼讓自己感覺被理解，被尊重，自己為什麼信任他們。從自己過去的正面經驗，我們或許可以看到是這些長輩願意花時間聆聽，或許他們給了自己特別的鼓勵。這些都可能是爸媽們可以仿效的第一步。

＊在寵溺下成長的爸媽

許多時候自己成長過程與手足的關係，也可能影響自己如何處理孩子的手足議題。

例如我曾和一個是家中老么、被寵溺長大的媽媽一起工作，發現他覺得年紀最小的孩子，就應該被順應滿足需求，於是在給予兩個孩子上有了很大的偏頗。

她太習慣他人要順應自己的需要，無法想像大兒子也有自己的需要。當孩子無法順應她或是滿足她的需求時，在和大兒子的關係裡，他不再是兒子的媽媽，因為她彷彿只記得堅持自己的生命法則，強硬地要大兒子配合對弟弟好。讓大兒子跟他之間的互動形成很大的摩擦，甚至讓大兒子要去國外求學之前告訴我，他以後不願意再回家。

因為自己被寵溺的經驗，讓這位媽媽對於借位思考的體諒，或是理解別人也有別人的需求有比較大的困難，也讓他在各個不同的關係裡都經常經驗到挫折。

從教養中和過去和解

這類的家長因為比較自我為中心，較難看到自己是需要調整的那一方，也容易用指責他人的方式來宣洩自己的不滿。如果自己身邊剛好有這樣的伴侶，請不要用批評或是指責的方式，因為那只會讓他們忙著防衛自己或是生氣轉而攻擊。

建議以夫妻兩個人一起面對教養上的困難一起尋求專業協助。在跟專業人員工作的過程裡如果能夠建立起信任，或許這類的家長較能看到自己的內在狀態，去想為什麼自己在所有的關係層面都遇到困難，慢慢地才能開啟他們自我理解與療癒親子關係的旅程。

＊在比較下成長的爸媽

有些家長則曾在自己的手足經驗中受傷，因為在兄姐或弟妹的光環下形成了焦慮或沒有自信的人格特質。或許原本長輩比較的用意是希望可以激勵孩子們，形成良性的刺激。不過，太多的比較與偏好，讓這些家長在成長經驗裡經常性地感覺挫敗，不只在成長過程中經驗到手足之間的負面競爭，也影響自己跟孩子間的又愛又恨的關係品質。當然，這樣的成長議題也會影響這些爸媽在處理自己孩子相處的議題時，產生認同弱者或是認同強者的情況。

從服務中的觀察，我看到在比較下成長的爸媽對自我常有較高的不確定感，因此非常在意別人的評價與眼光，對自己的要求很高，有時候我們會發現這樣的情況也會反映在教養上，例如：給孩子高期待，或是容易對於孩子的行為和表現非常敏感，反而容易造成自己過大的壓力或是跟孩子之間的緊繃。

從教養中和過去和解

一旦覺察到自己有上述的心態，再回想自己成長的經驗，如果覺得自己是在一個充滿比較的環境長大，或許爸媽們可以觀察一下，不管意識層面的出發點是不希望孩子像自己以前那樣，或是希望孩子更優秀……自己是否也將這樣的比較或是競爭，內化成自己對孩子的期待，這些都可能影響了自己跟孩子互動傳達的情感，也影響了親子關係。

過去的比較，或許來自長輩們希望我們更優秀，希望我們可以自給自足貢獻社會，所以不自覺地使用了傳承上一代的比較方式。現在，我們長大當了爸媽，我們到底希望孩子如何成長呢？除了比較，還有其他方式嗎？願意觀察自己和孩子的互動，願意學習新知，願意在接觸新知時省思自己，並嘗試不同的教養做法。因為自己願意嘗試不同教養方式，落入代代相傳的模式便可以被中斷。

了解成長中的自己

我嘗試從工作經驗中舉了幾種類型的成長經驗，不過人的生命經驗是非常多元的，不應該只限於這些分類。因此，我列了一些從教養手足過程中，希望協助爸媽們反思自我，一起想想自己的過去如何影響著現在處理孩子的議題。

反思自己過去的成長經驗，並不是要我們去批判原生家庭的好或是壞，或是將自己現在卡住的狀態，歸咎於過去家人或是手足，落入一個自怨自艾的狀況。在心理學的範疇中，我們看到很多的親職模式，不管是正向還是負面的，其實是世代間相傳的，也就是說，我們的長輩或許也被他們的長輩，用類似的教養方式帶養長大。因此，重點不是責怪，而是在理解的當下，明白自己家庭的幸福掌握在自己手上，思考自己可以做什麼調整，擁有更順暢的親子關係。

所謂的「療癒」與「和解」來自於我們對當年家庭或是爸媽的處理，多一份理解，願意從不同的角度去思考過去經驗。我們明白，每個年代有其育兒的時空背景與社會壓力，雖然我們沒有辦法回到過去改變什麼，但我們可以把握現在。然後回到現在的親子關係，願意去想在自己如何被影響——自己在被教養時得到的好的或是不夠好的影響，如何形塑自己成為爸媽。

如果我們可以把反思的目的，放在讓自己了解自己的想法，情緒感受與行為之間的

關聯，願意調整自己，我們的確可以嘗試改變，幫助自己成為希望成為的那種爸媽。

這輩子跟我們相處最久的就是自己，所以，認識與了解自己永遠是生命中很值得的事！下面有幾個過去成長經驗到的手足問題，讓我們一起花點時間思考自己，了解自己是個什麼樣的爸媽。（見下頁表）

愈來愈喜歡自己當爸媽的樣子

爸媽們處理孩子之間的手足議題時，要記得在互動中，讓孩子感受到我們尊重他們是獨立的個體，我們允許他們有屬於自己的感覺和想法。因為如此，我們也必須接納自己可能對不同孩子產生不同的感情。

有很多因為教養問題來跟我一起工作的爸媽，都會分享有時候會很難面對自己對不同的孩子有不同情感的事實。或許有時候是因為自己的成長經歷，讓自己彷彿更容易認同某個孩子；有時候是因為某個孩子選擇跟我們互動的方式，讓我們感覺到更多溫暖的情感。

❶自己以前成長過程中面臨的手足衝突，長輩是如何處理的？

❷在成長的過程中，自己跟手足的關係品質如何？

❸自己在處理孩子爭吵的過程中，曾有哪些想法浮現？

❹這些想法有沒有似曾相識的熟悉感，例如：自己在管教孩子時，說了當年長輩曾對自己說的話？或是彷彿在孩子的爭執中看到以前的自己？

❺在自己情緒比較平靜的狀態下想想困擾的教養情節，如果希望情況可以有改變，對於改變，自己第一個浮現的念頭或是想法是什麼？

❻自己喜歡現在的狀態嗎？自己希望改變嗎？如果希望改變，第一步可能發生的事是什麼？

我們要告訴自己「不一樣並不代表比較差」，如果孩子真的是獨立個體，那能做到一樣的給予、一樣的感覺才是真的困難，就像是我們根本不可能對生活中跟我們互動的每一個人，感受到一樣的情誼。我們可以試著誠實地面對自己對每個孩子的情感，或是誠實面對自己對某個孩子的偏愛，坦然地去提醒自己，不被我們偏愛的孩子也需要我們關注，努力地為這個孩子多付出一點。

當爸媽的美，在於孩子的成長過程中給予了我們一個機會——透過血脈的傳承，世代被串連在一起。我們在摸索帶養之中，看見自己的勇於重新檢視，將過去整合到現在。

我們願意從自己卡住的親子狀態中去反思看自己，與自己過往的成長經驗和解，願意接觸不同親職方式學習，嘗試理清自己的狀態，思考如何調整自己，讓改變從自己開始，如此一來，在努力追求家庭幸福的過程中，我相信大家會跟我一樣，愈來愈喜歡自己當爸媽的樣子！

08

關愛——家人之間的情緒溫度

「媽媽陪姊姊彈鋼琴，爸爸陪弟弟堆積木，一隻調皮的約克夏跑來搗蛋，來不及營救的城堡垮了下來，全家笑成一團。」電視廣告每天放送著甜蜜家庭的形象，但電視機前的現實畫面卻常不如廣告中美好：爸爸可能低頭忙著滑手機，媽媽邊理家務邊潑婦罵街，兩姐弟則為了搶遙控器吵成一團……

究竟我們該如何經營，才能凝聚家庭的向心力，讓正面情感大於負面能量，讓每個家庭成員都感到幸福？有沒有方法可以讓孩子們遇到衝突時，能表達自己的立場，卻又不彼此傷害？讓他們既「掌控自己情緒」又「維護自己權利」？

爸媽們如何在「愛」、「尊重」與「信任」之間找到平衡，尤其在手足發生衝突時，知道「介入」和「不介入」的拿捏，安心放手讓孩子學習獨立，自行處理？

其實，這些看似龐雜的問題，都回歸到一個重要核心，那就是「如何從日常互動累積家庭的幸福感」。在正式切入主題前，讓我們先從心理學的「情緒教養」談起。

情緒教養的重要性

早在九〇年代，「發展心理學」便開始以「腦科學研究」來驗證親子之間的依附關係，直到馮納吉（Fonagy, P.）和他的研究團隊提出「心智化」理論（Mentalization）後，便成為發展心理學領域的顯學，一路引領「發展心理學」的研究方向。過去十多年來，「發展心理學」從鑽研於腦科學的研究，轉而探究親子之間的情感連結，大家也因而開始強調「情緒」對孩子身心發展的重要性。

但，究竟什麼是「心智化」？簡單來說，**「心智化」是指一個人在與他人互動中，理解自己與理解他人的能力**。當孩子在人際互動中，看見自己內在的意圖、情感與渴望時，也願意嘗試觀察或想像他人的內在時，他便在這些經驗裡，逐漸建構出自我與他人的理解。一個愈了解自己的孩子（知道自己怎麼了，如何表達與求援），他的情緒會愈穩定，而不需要以本能衝動的方式，來面對自己遇到的問題，這種穩定的情緒，有助於他未來面臨的各種學習和人際關係。

可惜的是，「心智化」不是時間到了就會成熟的能力，**孩子的「心智化」功能十分仰賴照顧者回應他的方式**。如果大人願意思考孩子的心理與情感，在溝通時不以表面行為來批評，而是願意去呈現自己所理解到的，關於孩子的想法或是情緒，經驗到這樣的溝通模式能夠幫助孩子們理解自己的內心狀態——覺察自己想些什麼；為什麼會有這樣感覺；為什麼會這樣做。當我們透過實際的日常互動，幫助孩子理解自己，降低他們的情緒衝動性，並學會預測別人對自己的期待，久而久之，孩子便會建立起平順健康的人際關係。

「心智化」的過程不是一蹴可及，而是一點一滴的累積，包括父母在內的所有照顧者，都扮演著重要的催化角色。因此在這個章節，我希望以案例說明，具體地幫助父母理解如何引導孩子「心智化」的能力。首先，希望父母能先記住兩個大前提：

1. 孩子會有不知如何說出口的情感需求

暢銷電影《我的少女時代》，曾經在台灣造成旋風，電影裡的男主角徐太宇，正是許多問題行為的標準案例。徐太宇本來是資優生，卻因為國中時跟好友去海邊游泳，目睹好友被突襲的大浪吞噬，不幸溺死。這起意外後，徐太宇變成了一個無惡不作的流氓學生，他靠著蠻橫乖張的流氓行為，來掩飾內心的痛苦與傷疤，和揮之不去的罪惡感：「我是多麼糟糕不堪的人，我的朋友因我死去，我不值得其他人給我正面的關注。」當別人以嫌惡的眼光看他時，這位昔日的優秀學生，才得以允許自己繼續苟活下去。

這電影不只是一部娛樂性質的電影，其中人物的行為與情緒，都可以以心理學的角度來分析。如近年流行的薩提爾「冰山理論」，他提到人的自我就好像一座冰山，外顯的行為只是露出水面的一小部分，埋藏在水面下未說出口的思想和渴望，其實更為巨大。因此，該被處理的不是表象，也就是說，我們不能只看到徐太宇的流氓行為，要看的，是他表達不出的創傷、失落與強烈的罪惡感。

同理類推，孩子間的衝突往往是因為嫉妒，或覺得自己的需求被忽略了。因此，衝突行為不能只以處罰的方式來削弱，它背後還隱含著孩子不知如何說出口的需求，無法表達的情緒，又或者，他還不了解別人對他的期待，也不清楚自己內心的渴望，需要爸媽猜測或是嘗試回應他等等。

2. 允許自己對孩子有負面情緒

孩子們的衝動行為不只讓父母很困擾，也常常讓我們覺得很挫敗，認定自己是失敗的父母。然而，我們無須苛責自己，也不必急著想擺脫那樣的自我批判，我們應該允許自己擁有這些負面感覺，並學習用不傷害彼此的方式，來宣洩自己的負面情緒。其實，那些對孩子問題行為所產生的負面情緒，不只是當下一瞬間的炸開而已，它其實也包含了我們過去的生活經驗，以及自我的人格特質。

我們必須認清，只要是人就會有負面情緒，那是遠古流傳下來，幫助我們生存的演化機制（例如：害怕是為了讓我們更小心，生氣是為了讓我們能為自己奮戰）。面對情緒，如前面章節所說，我們需要的是以「不傷害自己也不傷害孩子」的方式來宣洩。除此之外，夫妻倆的相互支持，彼此鼓勵，也會成為繼續尋找適合教養方式的原動力。

總而言之，孩子無法表達某些情緒與想法時，常會出現問題行為，而在面臨這些挑戰時，爸媽們感到生氣也是很正常的。如果我們可以提醒自己「嘗試理解孩子想表達的」，而且「不被自己負面情緒控制」，才能期待在日常互動中，增加家庭的幸福感。

從親子互動中示範表達

既然我們已經清楚孩子的行為問題，往往來自於無法表達的需求，那麼，我們可以如何從旁協助呢？在第三章，我曾經提到「銘記在心」，提醒父母隨時想像孩子可能面臨的情緒衝擊，引導他們做好預備。而現在，我們要進一步以「心智化」的方式，具體處理孩子們的衝突。

＊協助幼齡孩子表達感覺與渴望

給予心智化的回應，是為了幫助孩子們理解自己的感受與意圖。在手足衝突時，為孩子們剖析現在經驗的情緒是什麼，是件很重要的事。

我個人在回應孩子時，喜歡加上「我猜」這兩個字，因為當我們對孩子說，我猜你覺得如何如何時，等於給孩子一個隱晦的訊息：「我有可能猜對，也有可能猜錯。」猜對的話，孩子覺得被同理了，如果猜錯，也促發他想辦法表達自己的機會。因此，在這個「我猜」的過程裡，不論爸媽猜對或猜錯，都是孩子感覺爸媽想嘗試了解他的起頭。

當我們為孩子表達出當下的情緒時，那些原本在他們心裡的混亂感覺，終於有個形狀或是定義了——原來這個感受是「嫉妒」，是「不公平」，是「生氣」或是「受傷」。孩子在我們幾次的映射與引導下來，便學會辨認自己的感受，並嘗試將它表達出來。

幫助孩子表達出自己的情緒後，我們可以再繼續協助他將內心的渴望說出來。

每個強烈情緒的背後，都來自某個強烈的渴望。如果爸媽可以幫助他們，把心裡模糊的渴望具象化，孩子會因此更理解自己，更重要的是，透過這個過程，他能感受到爸媽對他的關心。

爸媽們不妨透過下面這兩個情境，練習看看如何陪幼齡孩子「表達感覺」和「說出渴望」：

當孩子們抱怨我們都只照顧弟妹……

- 幫助孩子表達感覺：我猜你覺得有點嫉妒我花比較多的時間在照顧弟弟妹妹。
- 幫助孩子說出渴望：我想你很希望我們多注意你，或是多陪陪你。

當孩子跟我們報告說姊姊剛罵他是笨蛋……

- 幫助孩子表達感覺：我猜她這樣說你，讓你覺得很生氣。
- 幫助孩子說出渴望：我想你是希望姊姊不要這麼兇，一下子就飆罵你。

在幫助孩子學習「表達感覺」和「說出渴望」的過程裡，我們先示範，用努力猜測的方式來跟他核對。這樣努力的理解常會有意想不到的功效。因為在情緒高張的當下，他們也往往被情緒大浪淹沒，倘若我們能夠「猜出」他的意圖或想法時，他們會覺得被了解、被接受，這時，憤怒和受傷就會稍稍地降下來。

《教孩子跟情緒做朋友》這本書的作者丹尼・席格爾也說過，在情緒風暴裡的孩子是卡在腦部的杏仁核，那個部位是爬蟲類的腦，只以本能的攻擊或是逃避的方式來宣洩，而無法進行思考。因此在孩子發脾氣時一直對他說理，是無法幫助孩子思考的。最好的方法是先安撫，讓他們情緒降溫。教養，才有可能幫助孩子離開杏仁核，對爸媽的引導終於可以進入思考，學習解決問題。

＊引導孩子宣洩負面情緒

對孩子的情緒教導不在於壓制，或是努力不讓他們經驗到負面情緒，而是「覺察它，理解它，面對它，消化它」。

然而，有時候強烈的情緒一上來，孩子會陷入本能的衝動而相互攻擊，這時，除了幫助他們「表達情緒」及「說出渴望」外，要先確保安全，然後引導他們合理的宣洩自己的負面情緒。只是，爸媽們千萬別忘了先穩住自己，因為我們的情緒調節方式，每次對孩子都是一種示範。

這裡談的「消化負面情緒」，是指用一個社會認可的方式，前提是不傷害自己也不傷害別人。例如：

• 肢體式的宣洩

孩子動手打人被我們嚴厲喝止時，也別忘了告訴他們，可以用不傷害自己也不傷害別人的方式來發洩，包括「進自己的房間用力打枕頭或抱枕」、「在床上用力滾來滾去」或是「拿支筆在紙上用力的塗鴉」等等，這些使力的肢體動作，可以讓孩子沸騰滾燙的情緒獲得紓解。

當然，對於年齡較小的孩子，本能衝動的方式一定是攻擊對方。此時，爸媽應該馬上制止孩子的攻擊行為，但可以同時拿著洋娃娃或是動物玩偶引導他：「我們不打哥哥，但是你可以打洋娃娃或是熊熊，讓我知道你有多生氣。」這種方式可以讓小小孩明白打人不應該，但他被允許用安全的替代方式來宣洩，透過這個方法，也讓別人明白他的情緒。

• 象徵式的宣洩

「用象徵式的方法來處理自己的挫折」的這個方法其實大人們也常用。例如，在長長車陣中突然被插隊，我們可能在腦袋裡咒罵著插隊的那個駕駛，這讓我們自己好過一點。因此，早點引導孩子學習用象徵式的方式來安撫自己的情緒，也是一個社會化的過程。

如果孩子喜歡塗鴉，鼓勵他「畫出來」也是個不錯的方法，但既然孩子的感受強烈，畫出來的圖也許也很直接，很赤裸裸，爸媽們不要被圖裡的訊息給嚇到。倒是在看孩子的圖畫時，不妨也鼓勵他們多說說自己的感覺，這可以增加他們對自己的了解。

至於大一點的孩子，我們可以鼓勵他們把生氣的話寫下來，即使是在紙上咒罵對方，都沒有關係，只要不被對方看到就好。這些象徵性的方式，可以梳理孩子高張的情緒，也比直接衝突來得好。

在最後，如果爸媽能跟孩子進一步討論，他希望下次的情況如何改善，甚至他願意寫下來，這整個過程，便是一個很完整的引導。例如，當弟弟寫：「我很想打扁姊姊，因為他沒問我就直接拿走我的玩具。」爸媽可以這麼做：

第一，幫助孩子表達感覺：「我猜他沒有問你就拿你東西，讓你非常生氣。」

第二，幫助孩子說出渴望：「我想你一定很希望他可以先問你，不要直接拿走你的玩具。」

第三，建議孩子：「弟弟，你要不要寫一下借東西的規定？例如：借東西之前要先得到擁有人的同意。」

第四，爸媽跟弟弟討論他寫下的規定，然後一起去跟姊姊協調。

＊先把注意力放在受傷的一方

當前面兩點都無法及時發揮時，進一步的衝突恐怕無可避免。在孩子肢體衝突的瞬間，我們常把注意力放在攻擊他人的孩子身上，因為攻擊行為讓我們焦慮而煩躁，我們想趕快制止，以免釀成更大傷害。

不過，我們前面一再強調，手足議題的核心是「希望自己可以得到關注，以確保自己在爸媽心裡的地位，得到足夠的愛與安全感。」因此，如果我們將許多注意力放在攻擊他人的孩子身上，只會讓受傷的孩子感覺更受傷，甚至開始對我們產生抱怨，覺得我們不愛他們。

安全的做法是趕快把兩個分開，先把注意力放在受傷的一方，告訴那個受傷的孩子

——你要先把攻擊的孩子帶開，然後你會馬上回來陪他。於是，你把攻擊的孩子帶到另一個空間，嚴肅地告訴他家裡不允許暴力，但是允許某些表達和宣洩的方式，讓他自己冷靜想想，決定用什麼方式處理。

說完後，再直接回到受傷孩子的身邊，關注他身心的受傷程度，陪他說出自己的生氣與難過。

這樣反覆幾次以後，衝動的孩子會覺察到自己的暴力，得不到你額外的關注，但了解到有幾個被認可的方式，以不傷害他人的方式來表達自己的情緒。至於受傷的那個孩子，則會感覺到你希望並且確保他不再受傷，他的委屈會因為得到你的關注，而稍微獲得平衡。

＊幫助孩子釐清造成衝突的事實

談到這裡，爸媽可能會急著跳腳地說，許多衝突並沒有那樣明顯的「攻擊方」和「受傷方」。常常在我們看到時，孩子們的衝突已經白熱化，雙方你來我往打成一團，這時候該怎麼處理？

我想，還是要以安全為考量，先將兩人分開免得情況更惡化。不過在把孩子分開的同時，希望爸媽們先陳述自己看到的情況，提醒他們安全規則，再將他們分開。

例如，在發現姊妹爭執的第一時間，爸媽們可以先描述自己看到的情況：「我現在看到妹妹要把積木丟向姊姊，我也看到姊姊很用力地拉著妹妹的手。」並提醒相處規則：「這樣很危險，兩個人都可能受傷，所以我們需要冷靜一下。」將兩方分開後再個別地鼓勵他們以象徵式的方式陳述自己的經驗。

我們允許孩子以象徵性的方式攻擊對方，但當他們的情緒平穩下來時，也別忘了陪他們看清造成衝突的核心問題。例如，孩子之間搶奪玩具，是為了「我們兩個都想玩」。於是，想釜底抽薪解決問題，就得和孩子們討論「如何讓我們兩人都能玩到玩具」。聚焦事實的這個步驟很重要，這是引導孩子從強烈情緒平穩下來後，思考如何解決問題的第一步。

有的時候孩子會抱怨：「他不讓我玩，因為他不喜歡我。」或是「我討厭他這樣故意不給我。」在這樣的陳述裡，孩子很明顯地是將自己的主觀意識混進了當下的情境裡，所以，我們要適時幫助孩子，區分自己的感受和問題的本身。

當孩子說：「他不讓我玩，是因為他不喜歡我。」我們幫助孩子釐清事實：「你感覺他不喜歡你，所以這樣說。我看到的是，他不想給你他的玩具。」

當孩子說：「我討厭他這樣故意不給我。」我們幫助孩子釐清事實：「我不知道他是不是故意的，但是我的確看到他不給你。」孩子在發生衝突時，跟我們一樣，容易將全部的主觀感受混在一起，大人應從旁協助他們認清問題本身，而不是人身攻擊。當問題不再是「他故意不給我玩具」，而是「他不給我玩具」時，接下來就可以很明確地去解決這個問題：「我們來問問他，為什麼他不願意借你？」「要如何他才願意借你？」

當然，會有爸媽詢問：「那我們需要處理他們對彼此負面或是敵意的主觀感受嗎？」除非每一次孩子都這樣說，而我們觀察一陣子後也確實發現，孩子們在互動裡的確有許多「不喜歡」或「故意」。這時候，我會建議分別跟孩子聊一聊，看看到底發生了什麼事，讓他們對彼此的感覺不愉快。但如果這種情緒並沒有持續，而他們在吵吵鬧鬧後也還能相親相愛的互動，我認為，爸媽們無須太過敏感。隨著孩子間的衝突愈來愈少，彼此的敵意和不喜歡的感覺也就會愈來愈少。

＊增強孩子自行處理紛爭的信心

談了這麼多處理方式，爸媽們可能忍不住要問：「那我們到底什麼時候可以放手，讓手足之間處理自己的紛爭？」

我想，如果以孩子的全面發展來看，幼兒園甚至是小學低年級階段，都還是需要爸媽的引導。不過，爸媽也不必覺得壓力太大，這段期間，孩子在學校已經有團體生活，與他人的互動經驗能幫助他們累積處理衝突的知識。

在低年級階段，我們幫忙定義出核心問題後，或許就可以嘗試對孩子們說：「你們漸漸長大了，我相信你們可以想出解決的方法。」然後先暫時離開幾分鐘，觀察孩子們是否可以討論出，兩個人都同意的解決辦法。

只要孩子們順利找到方法，我們就可以以這次的成功經驗，鼓勵他們在日後自己嘗試處理：「上次你們自己有討論出不錯的方式，這次我對你們也有信心，相信你們可以找出兩個人都願意接受的方法。」研究顯示，孩子跟手足的關係愈好，表示孩子有愈好的溝通與妥協能力，在學校的人際關係，和學習狀況都比較好。

簡單來說，「適時鬆手」對於父母和孩子都有著重大意義。當孩子開始有能力面對紛爭，處理人際衝突時，我們會感到欣慰，覺得自己的親職引導是有效能的，這對父母來說是個很大的鼓勵；而孩子們也會很高興自己有能力解決面臨的問題。

如同溫尼考特提醒過我們的：「以孩子可以承受的劑量，循序漸進鬆手。」相信這是父母和孩子一個重大的里程碑。

增進大孩子之間的感情

在第四章我們曾談到，如何幫助孩子們喜歡他們的新生兒弟妹；即使孩子們都進入小學，還是有方法可以幫助他們彼此友愛。只是，這時的孩子已經比較大了，可能在教養之際，以言語挑釁或攻擊爸媽，因此，爸媽要有接受挑戰的準備。

＊讚美孩子對彼此的付出

一般來說，再冷漠的手足關係，在日常生活中也會有所互動，爸媽們可以抓緊我們所觀察到的友善行為，表現出自己感到欣慰和讚賞；這也許是校外教學的哥哥帶回小禮物要送弟弟；或者是妹妹願意跟姊姊分享自己的餅乾。反正，只要爸媽觀察到這種替手足著想的互動，我們就可以特別提出來，並加以讚美：「我覺得姊姊真的很幸運，有你這麼好的妹妹願意分享好吃的餅乾給她。」或者是「你真是個很體貼的哥哥，去校外教學還能記得弟弟，並且和他分享好玩的東西。」

這樣的讚美會讓孩子發現，原來，替手足著想也能得到父母的正面關注，同時，當他看到自己的友善讓手足開心，也會讓他對於自己的表現感到滿意，進而願意對手足更加友愛。

＊不造成孩子之間的比較

家裡有兩個以上孩子的爸媽都知道，孩子雖然都是自己生的，但是天生的氣質與個性卻可能天差地遠，難免我們會對不同孩子有不同的評論，例如，姊姊比較愛乾淨，弟弟比較有執行力等等。當我們對其中一個孩子感覺挫折的時候，藏在心裡的那些評論，容易不小心脫口而出：「你為什麼不能像姊姊一樣愛乾淨。」或是「弟弟比你有毅力多了，你要向他學習。」等等。

如果我們太常說出比較的話，孩子們會因此而產生敵對的競爭性，這對於手足之間的情感培養有害無益。因此，我們要提醒自己回到「事實」的本身，映射自己在生活中的觀察，而非不斷地比較和指責。例如，當爸媽很想說：「為什麼你不能像姊姊一樣愛乾淨？書桌總是這麼亂！」我們可以改為：

第一，先陳述事實：「我看到姊姊都有整理她的書桌。」

第二，好奇孩子如何處理：「你計畫何時整理你的書桌呢？」

第三，建議孩子互相學習：「我們可以來問問她用什麼方法，或許你可以參考看看，然後想出你的方法。」

＊以好奇傳遞關懷

對於已經上小學的孩子，大人常說他們已經聽得懂，應該不用解釋太多了吧！不過，孩子畢竟是孩子，有時怎麼講還是講不聽。例如，明明已經跟他說了五百次不要動手，他還是會繼續推打手足。如果是這樣，爸媽可能需要理解，他情緒上來時會卡在那個衝動的本能裡，我們可能需要在他情緒平靜的時候，好好跟他聊一聊。

我們可以從一個「好奇」他的角度出發，希望他能分享他的想法：「有時候我覺得很奇怪，為什麼媽媽說了好多次，你昨天還是推了弟弟一下？」當照顧者對孩子表示好奇，孩子會感到自己是被關注的。先聽聽他怎麼說，以及他對弟弟的感知，或是他如何解讀當下的情境。這些，都能讓我們更深入了解他的想法。

等他講完之後，我們再分享自己的觀點，例如：「我們家不管誰打誰，媽媽都覺得不應該，因為不管是哪一個，我都不希望自己的孩子受傷。」然後坐下來，一起陪他思考解決方法，並且把它們寫下來：「我們一起來想想，當你覺得弟弟在煩你的時候，可以怎麼辦？」

先讓他盡情分享他的想法，天馬行空地想像如何解決問題，即使他說「把弟弟關在房間裡」或「不要讓他吃飯」等等，都不要斥責或阻止他。因為在分享這些瘋狂想法的過程，他其實也正在宣洩對弟弟的不滿。

我們先鼓勵孩子自由表達，然後再來跟他討論可行性。以上述的例子來說，我們可以引導他：「弟弟被關起來的話，你覺得他會怎麼樣？」「我想他被關起來應該會很生氣吧！」「如果會生氣的話，他就會大哭或大吼大叫，這好像也不是個好辦法，所以我們再來想想，讓你們兩個都不會太生氣的方法如何？」

你可以先丟出幾個點子，例如：「告訴弟弟你還在玩，你玩夠了會讓他知道，」「可以分享幾個積木給他，」「拿別的玩具借他」等等，當討論出幾個可行的辦法，便鼓勵孩子把這些方法寫下來，並嘗試這些方法來處理紛爭。

所以當孩子屢犯不聽時，就表示他需要我們的幫助，陪他思索解決的辦法。這麼做一開始可能會花不少時間，不過，一旦孩子嘗試你們花時間討論出來的方法，並順利解決問題，他的攻擊行為就會消失。

*設定規矩與界線

當手足之間年齡差距較大時，老大情緒崩潰的戲碼，可能會經常上演：不是弟妹破壞了他的東西，就是他想寫作業時，弟妹來搗蛋；或是他想看故事書，弟妹卻要黏著他，讓他感覺很煩等等。

孩子相差五歲以上時，因為身心發展的差距過大，要想出活動讓他們都有興趣一起參與，真不是件容易的事。此時，在我們忙著照顧小的同時，也別忘了花點時間跟大孩子聊聊。

先嘗試了解他和弟妹相處時，最大的挑戰是什麼。通常對大孩子來說，會很在意「所有權」和「界線」，會想要有屬於自己的時間、物品和空間。所以，爸媽們可以出面維持這類的個人權益，設定一些規矩來讓弟妹了解，哥哥姊姊需要被尊重。

不過，我們也要引導大孩子，以不同的角度來解讀弟妹的行為，讓他從觀察中推想，或許弟妹的意圖跟他以為的不一樣，這其實也是心智化的過程。例如，他認為弟妹故意黏著他，這讓他感覺很煩，但透過和我們的討論，他會了解到弟妹可能因為仰慕他，很希望模仿他所以才黏著他。你可以拿自己的觀察來佐證：「當我看到你終於過來跟他玩的時候，他看起來好開心！」或是「上次你跟弟弟玩的時候教他，後來我就看到他學起來了。」

在點出弟妹的需求之後，再以好奇的角度來詢問他，會如何協調自己與弟妹的需求。這時，或許爸媽也可以丟出意見，和他共同討論出具體方法，例如，他願意在什麼時候陪弟妹玩，而在那個時間之前，爸媽會盡量支開弟妹和他互動，讓兄姐有自己的時間和空間。

＊父母不需萬能

我們每日的生活行程，可能因家庭需要而有所不同，孩子們不是機器，可以按表操課地輪流來跟我們互動。常常，愈是忙碌，孩子們的需求愈是同時湧進來，這時，當我們無法完全滿足所有的孩子時，我們必須依照重要性或是迫切性，來決定先呼應哪個孩子的需要。

這個時候，我們要幫助孩子理解我們會先選擇「需要爸媽」而不是「想要爸媽」的需求。「需要爸媽」的意思，是孩子在做某件事遇到了困難，他需要爸媽的協助。「想要爸媽」的意思，是孩子想要爸媽的關注和愛。因此，「需要爸媽」的迫切性會比「想要爸媽」來得高一點。

不過在選擇了「需要爸媽」的孩子時，也可以同時回應「想要爸媽」那個孩子等待時的感覺，並解釋自己選擇的原因，跟他說：「我知道你在等我，等待可能讓你感覺很不好受，不過妹妹的功課需要我幫忙，所以我現在先去幫他。」然後跟他約定：「我教完妹妹會馬上過來，聽聽你要跟我分享的故事。」在教完妹妹之後，依照約定回來給予關注。

其實，只要孩子觀察到我們言而有信，也發現我們真的願意在處理完手足後，花時間陪伴他們、聆聽他們，他們就比較能夠接受當下爸媽沒有選擇自己的情況。

父母不是萬能，尤其現代人在生活及身心上，都各自有不同的壓力，或是太疲累，或有要事得處理，很難集中注意力，也無法馬上呼應孩子們的需要。這個時候，不妨直言：「媽媽現在忙著煮飯，你給媽媽半個小時，先做你會的功課，飯煮好後，我就過去看看你不會的地方。」或是「我今天有點頭痛，給我十分鐘我先沖個澡，出來再看看怎麼幫你。」這些延遲的回應，其實也是幫助孩子學會理解別人的感受。

爸媽照顧自我情緒

育兒之辛苦在於體力和糾結情緒的加乘影響。從我的服務經驗看到父母常面對的育兒難題，不外乎是明明知道要尊重孩子，把他們視為獨立個體，但在教養時，卻又忍不住兇他們；或是夫妻無法協調出一致的教養方式；以及最後我要提的，是不擅長處理自己的情緒感受。

前面的章節比較多是對應了如何面對孩子的教養，接下來我想談談父母該如何一致性地教養，並學會照顧自己的情緒。事實上，這兩者息息相關，當夫妻對孩子的教養方式出現衝突，勢必直接影響到雙方的情緒，所以，我會希望爸媽雙方在磨合出一致性的教養態度前，別忘了同時也照顧自己的情緒。唯有先自我關注，才能讓家庭關係更平穩，也讓大家感覺更幸福。

＊努力讓教養一致

在跟家長們的工作中，常看到夫妻對孩子的管教態度不同，一來，這容易造成夫妻雙方的摩擦，二來，也容易讓孩子產生困惑。例如，當爸爸來自放養的原生家庭，而媽媽來自一個凡事管控的家庭，在兩個兒子起衝突時，爸爸可能就覺得應該放手讓他們自己想辦法，即使是大打一架也無所謂，因為爸爸相信孩子們會自己找出解決之道；然而，很在意教養的媽媽，卻覺得這根本是蠻橫行為，她擔心如果放著不管，這種攻擊對方的行為，可能會擴大到其他的同儕議題。她希望孩子學會溝通，因此她焦慮地訂了許多規矩，有時候甚至是會馬上跳進去處理。

可以想像，這樣的不一致造成夫妻間的嫌隙，一個覺得對方都不管，把孩子丟著放養；另一個卻覺得對方太緊張，管得太多，剝奪了孩子學習的機會。到頭來，這對夫妻可能因為管教而互相指責，影響了婚姻品質。

爸媽本是孩子的最佳示範，特別是在人際溝通和情緒處理上，但在爸媽無法協調，**甚至因為教養對彼此經常大小聲時，孩子們將學到這種情緒爆炸的大吵架是唯一的溝通方法**。於是，大人和小孩這兩種版本的衝突場景，便在這個家庭裡不斷上演、無限循環，讓大人小孩都筋疲力盡。

在生活中，沒有哪一段關係是天經地義可以一直穩定的，因為就連親子和夫妻關係，都是需要經營的。尤其夫妻來自兩個不同的家庭，想法和做法如有不一樣是很正常的。在衝突的當下，唯有嘗試用「心智化」的方式去理解對方的立場、看到對方好的意圖，在情緒平靜時坐下來溝通，才能找到兼顧彼此想法的平衡點。

如果以剛剛提到的家庭為例，媽媽可以去同理在爸爸的成長經驗裡，沒有太多引導，因此「引導」這件事對爸爸來說是陌生的，而且爸爸的放任不管，或許也是希望緩和氣氛，讓做媽媽的別太緊張；至於爸爸也可以去體會媽媽焦慮的個性，或許是來自她原生家庭的成長經驗，也或許來自她對母親這個角色的責任感。

夫妻之間的協調來自願意了解對方的態度。一致的教養希望是兩方都同意跟孩子討論出手足間不同的互動方式，慢慢鬆手，來讓孩子慢慢地自己處理手足議題。

*理性面對衝突

當爸媽們要坐下來溝通時，請記得先偵測一下自己的情緒溫度。因為在情緒壓力之下，我們容易對伴侶不耐煩，或曲解對方的話，將它解讀為對自己不滿，忙著防衛或反擊，而模糊了整個溝通的焦點。我們要記得唯有在情緒平和穩定時，才能進入思考，或是抓準對方在親職方面所表達的價值觀。

所謂的溝通，絕不是一味地要對方接受自己的觀點，而是互易立場，先嘗試同理與了解對方的思維，從中討論、激盪，最後創造出屬於夫妻倆的育兒方向。當然，這絕非一蹴可幾，而是一個不斷反覆進行的歷程，當溝通的過程有衝突時，請記得不要以情緒字眼攻擊對方，盡量陳述客觀的事實，試著在自己與對方的觀點中，尋找妥協的平衡點。經過反覆的討論及調整，相信一定會逐漸找到一致性的目標。

如果爸媽可以心平氣和地面對衝突，一旁的孩子會觀察到，即使親密如家人仍難免有摩擦，但可以理性面對，不必暴跳如雷。尤其當孩子們看到爸媽在衝突之後的和解，會把這種「只要好好面對衝突，願意表達、聆聽與協調，就有機會化解」的經驗，內化到自己的心裡。這不但應用於現在的手足相處、學校的同儕關係，甚至也受用於日後的親密關係，可說是受益一輩子。

如果可以有這樣的態度，對於夫妻形成一致的教養想法，是很有幫助的：「我自己家以前是這樣，我也習慣這樣，但是，我願意聽聽看你的想法與做法，我願意跟你一起找到屬於我們現在這個家的經驗法則！」

夫妻共組一個家庭，就已跳脫過往的個人經驗，所以應該想辦法發展出一個「我們」，而不再是「你」「我」的黑白兩極，也不是把帶養的責任都丟給某一方。當雙方都在體認到我們正一起經營這個家，發展出「我們的想法與做法」，就是踏出幸福家庭的第一步。

＊掌握情緒來臨前的訊號

每天反覆的瑣碎生活裡，本來就充滿了壓力，當和最親密的家人出現摩擦，總為我們帶來許多煩惱和情緒。家人因為彼此的關係緊密安全，因此容易承接到彼此的負能量，或成為彼此丟情緒的對象。適度的情緒發洩，是關係安全的指標，但如果太經常發生情緒暴走時，會容易造成家人關係的傷害。因此如何閱讀自己情緒來臨前的生理訊號，在情緒爆炸前守住理智線，是很重要的事。

●覺察生理與心理的連結

身體和心理都是我們的一部分，身心會互相影響、互相牽引。當我們被困在親職議題裡，或是被家人丟出強烈的情緒時，可能會感到憂鬱、焦慮或是憤怒，甚至反映到身體，讓身體產生一些症狀。這些情緒或是身體的症狀像災害警報，讓我們警覺到負面情緒來襲，適時提醒自己休息或是抽離一下。

舉我自己為例，在近十幾年的自我觀察裡，我已經理解自己理智線斷掉之前，我的身體會傳送某些訊息給我，有時是臉頰發熱，或是拳頭緊握，當我覺察到的時候，只要能在當下我給自己一點空間，不管是離開現場，別過頭，或是深呼吸幾下，那幾分鐘的抽離，通常就能夠幫助我在理智線即將斷掉之前，平穩一下自己的情緒。

● 自我對話

當我的情緒比較平穩時，我便會開始跟自我對話，通常因為還在情緒裡，我會允許自己負面的想法先出來，然後開始問自己問題。例如，我可能會想：「我可以衝過去打一下孩子，但是這樣做能得到什麼？」「我到底希望他們在這個情境裡學到什麼？」這些問自己的問題能夠幫助自己進入思考，能夠思考自己便不會被情緒牽著鼻子走，做出讓自己後悔的事情。

• 留時間給自己

終其一生，我們總在「親密」與「自主獨立」中不斷尋求平衡，因此不管我們有多愛孩子，我們還是會需要留點時間給自己。即使只是一兩個小時，做點讓自己開心的事，看場電影、讀篇文章，或是做點烘焙，或在家有固定的時間冥想，或透過宗教信仰在聚會中讀經，甚至是看一部能讓自己進入思考的電影等等，這些都是提升自我覺察的好方式。

再者，養成一個健康的生活習慣，透過適度的運動和充足的休息，讓自己身體的內分泌穩定，這看似是照顧身體健康，事實上，也可以穩定情緒，進而預防憂鬱，或是治療憂鬱。

自己永遠最值得我們投注精力，因為會跟自己無時無刻相處的，只有自己。

● 尋求專業協助

當我們透過覺察和自省，仍然無法釐出頭緒時，或許就該透過不同管道來了解自己。也許可以跟朋友聊聊自己的處境，聽他們的回饋與分享。當然，有時候我們對於和家人朋友傾吐自己的難處，會感到有些不安或壓力，這時，或許可以考慮尋求專業的協助。

很多人對於何時應該求助專業協助並沒有清楚的概念。按照精神科醫師的看法，當情緒或是心理壓力已經影響自己原本的日常生活，例如，吃不下飯或是睡不好，其實就到達需要專業評估的門檻了。

另外，也可以找心理諮商師或是社工師，透過專業的信任關係，諮商師和案主一起整合自己的感知，讓自己更清楚——自己是誰？現在怎麼了？以及接下來可以怎麼走。在諮商過程中，把自己的情緒和想法看得更清楚，能夠讓自己的感受平穩一點。

當爸媽，除了有社會責任，還要有面對自己的勇氣，但是當我們看到孩子們能夠互相支持互相友愛，這一切的辛苦都會值回票價！

邁向幸福

在一邊呵護孩子長大的同時，我們其實也在重新檢視自己的生命軌道，過去的原生家庭在我們身上留下了什麼樣的痕跡？而未來的自己又該如何邁步向前？

當我們願意花時間理解和溝通，就算伴侶有著迥異的教養觀，我們願意妥協，創造出屬於兩個人育兒的大方向時，孩子們會感覺到爸媽是站在同一陣線，這種堅定地在一起，會讓孩子感到安心。當夫妻倆一起嘗試理解孩子，引導他們彼此相處，在這種「共同面對」的氛圍下，我們便會明白，原來，幸福在每天相處的點滴裡，在每個一次克服挑戰的過程裡。

想起有一次去錄電視節目時，有位媽媽在直播上問了主持人：「你們說的這些方法做起來好辛苦好花時間，有沒有簡單一點的方法？」如果可以，我真希望有機會對她說：「這世界上所有有價值的東西都是時間淬鍊而來的。」我們想要的家庭幸福，當然也是。而且孩子愈小的時候打基礎，其實是愈事半功倍的。

如果全家人願意一起努力，其實不需要太久，我們就會發現家裡每個人對彼此的愛開始互相流動，生生不息。每一個人都能在給予和接受的循環中，感覺到真實的幸福，不覺得疲憊。孩子們之間的相處也是，在每天的互動中，感受著自己與對方經歷的好與壞，最終願意相擁而笑，攜手相伴，那不就是他們生命中最寶貴的幸福嗎?!

國家圖書館出版品預行編目 (CIP) 資料

相親相愛不簡單？: 給爸媽的手足教養學 / 孫明儀作 . -- 第一版 . -- 臺北市：親子天下 , 2019.12
256 面 ; 14.8×21 公分 . -- (家庭與生活 ; 57)
ISBN 978-957-503-526-6 (平裝)

1. 家庭教育　2. 子女教育

528.2　　108019829

家庭與生活 057

相親相愛不簡單？

給爸媽的手足教養學

作　　者｜孫明儀
責任編輯｜蔡川惠
編輯協力｜游筱玲・楊逸竹
校　　對｜魏秋綢
美術設計｜黃育蘋
內頁排版｜張靜怡
行銷企劃｜蔡晨欣

天下雜誌群創辦人｜殷允芃
董事長兼執行長｜何琦瑜
媒體暨產品事業群
總 經 理｜游玉雪
副總經理｜林彥傑
總　　監｜李佩芬
行銷總監｜林育菁
版權主任｜何晨瑋、黃微真

出 版 者｜親子天下股份有限公司
地　　址｜台北市 104 建國北路一段 96 號 4 樓
電　　話｜(02) 2509-2800　傳真｜(02) 2509-2462
網　　址｜www.parenting.com.tw
讀者服務專線｜(02) 2662-0332　週一～週五：09:00~17:30
讀者服務傳真｜(02) 2662-6048
客服信箱｜parenting@cw.com.tw

法律顧問｜台英國際商務法律事務所・羅明通律師
製版印刷｜中原造像股份有限公司
總 經 銷｜大和圖書有限公司　電話｜(02) 8990-2588

出版日期｜2019 年 12 月第一版第一次印行
2024 年 9 月第一版第五次印行
定　　價｜360 元
書　　號｜BKEEF057P
I S B N｜978-957-503-526-6（平裝）

訂購服務
親子天下 Shopping｜shopping.parenting.com.tw
海外・大量訂購｜parenting@cw.com.tw
書香花園｜台北市建國北路二段 6 巷 11 號　電話｜(02) 2506-1635
劃撥帳號｜50331356 親子天下股份有限公司

本書如有缺頁、破損、裝訂錯誤，請寄回本公司調換。
本書僅代表作者言論，不代表本社立場。

立即購買 >